Cuaderno de trabajo

A

Paso A-Capítulo 8

THIRD EDITION

Cuaderno de trabajo

A

Paso A-Capítulo 8

Tracy D. Terrell

Late, University of California, San Diego

Magdalena Andrade

California State University, Long Beach

Jeanne Egasse

Irvine Valley College

Elías Miguel Muñoz

McGraw-Hill, Inc.

New York St. Louis San Francisco Auckland Bogotá Caracas
Lisbon London Madrid Mexico City Milan Montreal New Delhi
San Juan Singapore Sydney Tokyo Toronto

This is an  book

Cuaderno de trabajo
Dos mundos

1 2 3 4 5 6 7 8 9 0 SEM SEM 9 0 9 8 7 6 5 4 3

ISBN: 0–07–063867–5 (combined); 0–07–064484–5 (pt. A); 0–07–064485–3 (pt. B)

Cuaderno de trabajo was typed on a Macintosh Plus by Margaret Hines.

The editors were Vincent Smith and Richard Mason.

The production supervisor was Tanya Nigh.

Illustrations were provided by Sally Richardson.

Production assistance was provided by Ann Potter.

Quebecor Printing Semline, Inc., was printer and binder.

Contents

PREFACE

To the Instructor

The purpose of the *Cuaderno de trabajo* is to give students more opportunities to write, read, and listen to Spanish in meaningful ways outside of class. The *Cuaderno de trabajo* is divided into four preliminary chapters (**Pasos A–D**) and sixteen regular chapters (**Capítulos 1–16**) that correspond to the **pasos** and chapters in the main text. Most chapters in the Workbook have six sections: **Actividades de comprensión, Escuche y lea (Capítulos 2–16)**, **Ejercicios de pronunciación** (through **Capítulo 9**), **Ejercicios de ortografía** (through **Capítulo 13**), **Actividades escritas**, and **Lecturas adicionales (Paso D–Capítulo 16)**. Audiotapes must be used with the first four sections. The answers to the **Actividades de comprensión, Ejercicios de ortografía, Actividades escritas**, and **Lecturas adicionales** are located at the end of this Workbook.

Actividades de comprensión

The **Actividades de comprensión** section consists of conversations, narratives, radio advertisements, stories, and other examples of oral texts recorded on audiotapes. The topics of these audio texts loosely follow those of the corresponding chapters in the main text (*Dos mundos*). Our goal in presenting these texts is to simulate real comprehension experiences, therefore we did not include grammar drills. Also, since comprehension is achieved by developing the ability to guess at meaning based on recognition of key elements in a sentence, we have not edited out unknown words and new grammar. The scripts for the oral texts are not included in the student Workbook. Instead, the student workbook has worksheets for each text. These generally consist of (a) a list of the new key vocabulary (with English translations) which is crucial to comprehension, (b) a short introduction to the text students will hear, and (c) tasks of varying kinds to verify that the student has understood the main ideas in the oral texts.

The **Actividades de comprensión** are intended for use primarily as homework assignments, but they can also be done in class. It is a good idea for instructors to do at least part of each of the **pasos** (at least **Pasos A** and **B**) with students before assigning the **Actividades de comprensión** as homework. The brief introduction for students (To the Student) will help them complete the assignments for the **pasos**. A section with more specific instructions and practice for suggested strategies is included after To the Student. We also recommend that instructors repeat the training session at some point between chapters three and four and at the beginning of a new semester or quarter. Such sessions are useful for making sure that students have not picked up poor listening and study habits. It is also a good idea to review the procedure and useful techniques when segments start becoming more complicated. In addition, keep in mind that although the speakers on the tapes will not be speaking at normal native speed, due to the lack of visual cues, students will get the impression that the rate of speech is too fast. This impression will be reinforced when the overall level of difficulty of the oral texts increases. Furthermore, the fact that the level of the input in many segments is slightly above the students' current level of comprehension may cause anxiety in some students. For these reasons, it is imperative that students understand the role of the materials and that they know how to use them correctly.

Please remember that there is a close correlation between a low affective filter and successful language acquisition. It is unwise to place undue stress on students over the assignments. They should feel confident that the listening component is a means of providing them with additional comprehensible input, not a tool for testing them at home. If students get the impression that the **Actividades de comprensión** are being used to test them, the purpose will be doubly defeated: many will find the whole procedure too stressful and others may simply copy the answers. Most instructors find it much more useful to tell students to consult them if they have a problem and to remember that it is not necessary to be able to answer every question correctly. Students should feel free to report any unduly difficult item(s) to their instructor.

In addition, remember that the topics of the oral texts in the Workbook loosely follow those of the corresponding chapters of the main text. For this reason, it is advisable to wait until most of the chapter activities in the main text have been done in class before giving assignments in the Workbook. Students will be more motivated to do these assignments if you remind them that they will help them prepare for the listening comprehension components of their mid-term and final exams.

Finally, since the answers are given in the back of the *Cuaderno*, there remains the problem of how to keep students from copying. It has been our experience that the majority of students will not cheat unless the assignment proves to be excessively difficult. In spite of this, and since in an academic environment there is always a need to measure performance, we suggest (especially if you are uncertain about whether students are copying or not) that you use two or three of the items from each chapter in a short listening comprehension quiz. You may photocopy the corresponding sections from the Workbook, leaving out the vocabulary section, or you may write your own questions. Play each selection two or three times during the quiz. You will find that students who have done their homework honestly will do well on the quizzes and those who merely copied will not.

Escuche y lea

This short section appears at the end of the **Actividades de comprensión.** It consists of a recorded fairy tale, fable, legend, or short story read on tape, starting with **Capítulo 2.** The objective of this section is enjoyment; consequently, we have included the text in the *Cuaderno* without a worksheet to check comprehension. If you wish to check comprehension, you may have students summarize the storyline simply and briefly in their own words, or you may opt for discussing the plot with them in class.

The level of difficulty ranges from very simple for most fairy tales, to somewhat difficult for some of the legends and the two short stories. However, students will be able to get the gist of each story without too much trouble. To aid comprehension, we have included visual cues that illustrate key points of each story. We have also controlled the vocabulary, so any word that has not been introduced or studied in the main text has been glossed in the margin.

Please remind students of the following: (1) this section is designed for their reading and listening pleasure, and the stories will not be included in any quiz; (2) they can listen as often as they wish; (3) they can go back to stories as they progress through the course and develop more confidence in their listening skill.

This section also provides the following additional benefits: the stories provide comprehensible input in an appealing manner, help students sharpen their receptive skills, and provide good models for Spanish pronunciation, enunciation, and intonation.

Ejercicios de pronunciación

We are convinced that students' pronunciation depends upon factors largely beyond the instructor's control, but hope that in their regular classroom experience most students will develop pronunciation that is acceptable to most native speakers. We suggest that students be urged at first to concentrate on listening comprehension, rather than on pronunciation. The purpose of pronunciation exercises is not to provide a large number of pronunciation rules for students to learn at the beginning of the course, but rather to present a set of pronunciation exercises in which certain problematic sounds are isolated. Note that these exercises generally include only words that students have already encountered in oral class activities.

Ejercicios de ortografía

Spanish sound-letter correspondences are relatively simple, and many students become good spellers in Spanish without any explicit instruction. In our experience, however, dictation exercises that focus on certain problematic areas can be effective. As in the pronunciation exercises, the spelling exercises only contain words that the students have encountered already in oral class activities.

Some instructors have found it very useful to assign a review of these as well as the **pronunciación** sections when starting the second semester (second or third quarter). A few even recommend that students listen to the tapes for all previous chapters as a review. When possible, this experience is usually very rewarding, since students who have covered five or six chapters find the texts from the initial chapters easy the second time around, and are excited about their progress.

Actividades escritas

The **Actividades escritas** are designed to allow the students to write Spanish creatively but within the natural limitations of what they know at a given point. Most of these activities can be done outside the class, but oral follow-up of the more creative ones will prove profitable. Remind students that the **Lea Gramática...** references in the **Actividades escritas** are there to show them which grammar topic(s) they may want to review before doing a particular set of exercises, as well as where to look for help while working. Assure students that the **Lea Gramática...** reference does not mean that grammatical accuracy takes precedence over communication of original ideas.

Although most of the **Actividades escritas** are open-ended and communicative, we have provided answers whenever possible (included in the back of the *Cuaderno*). Answers to questions for which there is more than one correct answer and for creative, personalized activities are identified by the phrase "Answers will vary." You may wish to advise students that they will need to allow for differences in content when checking answers to these questions; they should be correcting only errors in form.

Lecturas adicionales

Each chapter of the *Cuaderno* provides additional readings (**Lecturas adicionales**). You do not need to assign every one. Remind students that reading can serve as comprehensible input and therefore will contribute to the acquisition process. These additional readings follow the same categories as those in the main text. You may decide to assign these additional readings as homework or as makeup work. These readings may also be used as springboards for class discussion and oral group presentations.

Please refer to the Instructor's Manual for suggestions on teaching reading and Instructor's Notes for each of the readings (located at the end of Instructor's Manual).

The answers to the comprehension questions have also been included in the answer section at the end of the *Cuaderno*. Should you want to use these readings as makeup work, students could be asked to answer the **Ahora usted** and **Un paso más...** sections or write a summary of the readings you assign them.

Acknowledgments

We would like to thank Edda María Carloz for her adaptation of the fairy tales used in the **Escuche y lea** section, and Vincent Riggs, Pima Community College (Arizona), for his contribution to legend portions of the **Escuche y lea** section.

To the Student

The chapters and **pasos** in the *Cuaderno de trabajo* (Workbook) consist of six sections:

Actividades de comprensión (A–16)	Listening Comprehension Activities
Escuche y lea (2–16)	Listen and Read
Ejercicios de pronunciación (A–9)	Pronunciation Exercises
Ejercicios de ortografía (A–13)	Spelling Exercises
Actividades escritas (A-16)	Written Activities
Lecturas adicionales (D–16)	Additional Readings

Answers to most of these sections are in the back of this *Cuaderno de trabajo*.

Actividades de comprensión

The **Actividades de comprensión** component is made up of worksheets which help you check your comprehension of recorded oral texts, including conversations, narratives, radio advertisements, and stories. The oral texts give you the opportunity to listen to and understand spoken Spanish outside the classroom, providing exposure to authentic speech in a variety of contexts and to the different pronunciations of the Spanish-speaking world. The worksheets are set up to help give you a general idea of the segment before you listen to it; the drawings, the title, and the short prose introductions provide you with a context. A list of words and expressions with English translation is also included. These words may be new to you, and they are important to your understanding of the content of the recording. In order to help you determine whether you have understood the particular segment, each worksheet will require that you complete a certain task.

You must make sure that you have everything that is required *before* you start listening to the tape. When starting an assignment, follow these suggestions in order to minimize stress and maximize comprehension:

- Look over the title, the introduction, and any illustrations. These will help you get a general idea of the content of the segment.
- Take a few moments to familiarize yourself with the new vocabulary listed and with any other words or expressions used in the worksheet that you do not know.
- Look at the task contained in the particular segment to which you will be listening and make sure you understand what you are expected to do. Once you determine this, take a few seconds to map out the best strategy for completing the task. For example, if upon looking at the task you get the impression that there are too many blanks, make a mental note to fill in only every other blank the first time you listen. Or, if you realize that the task requires that you write out words that are too long or difficult to spell, make a mental note to write only the first three or four letters while you listen to and complete each word once you have stopped the tape. Remember to do all the above *before* starting to play the tape.
- Listen to the recording as many times as necessary, but listen with specific questions in mind. The tape player is an "understanding" and patient learning-aid, so do not hesitate to rewind and replay the tape as often as you need to. Avoid resorting to checking the answer section until you have listened to a segment at least five times.

Most of the time, you should be able to answer the questions in the task without understanding everything in the recording. Remember what you have been told about comprehension. In the classroom you have probably had ample opportunities to prove that you can understand what is being said to you by concentrating on key words, paying close attention to context, and taking some risks. Indeed, this is how comprehension will function for you in real life when you interact with native speakers of Spanish.

Once you have done several assignments, you will start noticing that you are more comfortable with them. You can derive additional benefits from these materials if at this point you go back and listen to the tapes of chapters you have already completed. Listen while driving to school, while doing chores, or while relaxing. Let your mind create scenes that correspond to what you are hearing, and listen just to enjoy the exposure to the spoken language. This additional exposure to spoken Spanish will result in increased confidence in real-life listening situations.

In order to help you derive the most benefit from this component, your instructor will do several of the recorded segments corresponding to **Pasos A** and **B** in the classroom. He or she will go over, clarify, and amplify the directions you have just read, to make sure you master the procedure you need to follow. Remember to ask your instructor any questions that have come to mind as you read this introduction. There is also a guided practice segment before Chapter 1 which will provide you with the opportunity to review and try out several strategies that will prove useful for the rest of the **Actividades de comprensión** in this *Cuaderno*.

Escuche y lea

After the **Actividades de comprensión** segments you will find either a fairy tale, a fable, a legend, or a short story. These are also recorded, and so that you can read along you will find the complete text instead of comprehension questions. The fairy tales are stories you heard and/or read in your childhood, such as "Goldilocks and the Three Bears," "Jack and the Beanstalk," etc. The legends and fables come from Latin America and they add native American (Indian) folk culture to your listening experience. There are two short stories, one from Spain and one from Latin America. These will give you a glimpse of Hispanic character and ingenuity. You should read and listen not only to attune your ear to Spanish sounds but also to enjoy your exposure to the spoken language as you read.

Ejercicios de pronunciación

Most people achieve good pronunciation in a new language by interacting in a normal communicative situation with native speakers of that language. The more spoken Spanish you hear, the more you will become used to the rhythm, intonation, and sound of the language. Do not attempt to pay close attention to details of pronunciation when you are speaking Spanish; it is far more important to pay attention to what you are trying to express. In general, native speakers of Spanish do not expect foreigners to speak Spanish without a trace of an accent; all foreigners who speak Spanish normally do so with a foreign accent. There is nothing wrong with a foreign accent in Spanish; only severe errors in pronunciation can interfere with communication, since these may make it difficult for native speakers to understand what you want to say. For this reason we have included a series of pronunciation exercises starting in **Paso A** and continuing through Chapter 9 of this *Cuaderno*. They are designed to attune your ear to the differences between English and Spanish and to help you pronounce Spanish better.

The **Ejercicios de pronunciación** group words you already know in order to give you the opportunity to practice the pronunciation of a particular sound they have in common. First, an explanation of the pronunciation of the sound is given, followed by examples for you to repeat aloud. The idea is not for you to memorize pronunciation rules but to develop a feel for good pronunciation in Spanish.

Ejercicios de ortografía

The **Ejercicios de ortografía** consist of spelling rules and examples, followed by dictation exercises. You will be familiar with the words in these dictation exercises from the oral activities done in class. Again, the idea is not to memorize a large number of spelling rules, but rather to concentrate on items that may be a problem for you. Remember to check the answers in the back of the *Cuaderno* when you have completed these exercises.

Actividades escritas

The **Actividades escritas** give you the opportunity to express your own ideas in written Spanish on the topics covered in each chapter. When doing each **actividad**, try to use the vocabulary and structures that you have acquired in the chapter being studied and in previous chapters. Although your main goal should still be communication, when writing (as opposed to speaking) you have time to check for correctness or to look up something you have forgotten. Also, remember the following basic guidelines related specifically to the mechanics of the Spanish language:

- Include accent marks whenever they are needed. Accent marks are written directly over vowels: **á, é, í, ó, ú.** Note that when **i** has an accent it doesn't have a dot.
- Don't forget the tilde on the **ñ.** The **ñ** is a different letter from **n.**
- Include question marks (**¿** and **?**) before and after questions.
- Include exclamation points (**¡** and **!**) before and after exclamations.

Be sure to check your answers against the key in the back of the *Cuaderno,* bearing in mind that, in most cases, your answers should reflect your own life and experiences. Use the answer key to correct errors in form, not differences in content.

Lecturas adicionales

Each chapter of this *Cuaderno de trabajo* will have a section called **Lecturas adicionales.** These fall into the same categories as those in the main text. Even though these sections are called "additional," it is a good idea for you to do them, since the more Spanish you read, the more Spanish you will be able to understand and speak. Remember that reading is also a skill that can help you acquire Spanish. There are four reading skills that you should already have in English that can be transferred to Spanish: scanning, skimming, intensive reading, and extensive reading. Your main textbook, *Dos mundos,* describes these skills and suggests ways to make them work for you when reading Spanish. Most of the readings in the *Cuaderno* are for practice in extensive reading; that is, reading for the main ideas, using context and your common sense to guess the meaning of words you don't know. Keep in mind that reading is not translation. If you are looking up a lot of words in the end vocabulary or in a dictionary and translating into English as you go, you are not really reading.

You will recognize many of the words and phrases in these readings immediately because they have appeared in the oral activities. Other words are glossed in the margin for you, in English or in simpler Spanish. You need not learn the glossed words; just use them to help you understand what you're reading. There will also be many words in the readings that you will not have seen before and that are not glossed. Try to understand the gist of the reading without looking up such words. The chances are that you can guess their meaning from context or that you do not need to know their meaning at all in order to get the general idea of the reading.

Your instructor will ask you to do some of these readings at home so you can discuss them in class. The better you prepare yourself, the more you will learn from these discussions and the more Spanish you will acquire. Be adventurous; try your hand at the different types of questions. These are the same types of questions that you will see in your textbook. Let your reading be an enjoyable experience. Answers to the **Comprensión** section appear in the back of this *Cuaderno.*

ACTIVIDADES DE COMPRENSIÓN

How to Get the Most out of This Component
(To be used with *Capítulo 1*)

As you know, the purpose of this component is to give you more opportunities to listen to spoken Spanish in meaningful ways outside of class. These simulated real comprehension experiences can help you develop the ability to arrive at meaning based on recognition of key elements in a sentence without being thrown off by unknown words and/or unfamiliar grammatical structures; they also furnish more opportunities for language acquisition by providing additional comprehensible input and contact with the target language. The worksheets for each text consist of (a) a list of the new vocabulary crucial to comprehension, followed by its English translation; (b) a short introduction to the text you will hear; and (c) tasks to help you verify whether you have understood the main ideas. This short training section is included here with **Capítulo 1** because it is important that you be able to do assignments confidently in order to enjoy the benefits of doing the **Actividades de comprensión**. The pointers included here should reinforce what your instructor has been teaching you in the classroom about comprehension.

As you know, the topics of the oral texts in the Workbook loosely follow those of the corresponding chapters of your textbook. Logically then, it is advisable to work on the **Actividades de comprensión** of your Workbook only after most of the chapter activities in the textbook have been done in class and you feel fairly comfortable with the topics and vocabulary of that chapter. Even when you feel comfortable with the material, keep the following in mind: Although you may listen to the tape as many times as you consider necessary, you should not listen over and over until you understand every single word you hear. This is unnecessary. Your goal should be to reach an acceptable, not perfect, level of comprehension. Although listening to the segments several times can be helpful, if you listen over and over when you are not ready you will be frustrated. The following basic strategies will minimize that frustration and maximize your comprehension.

1. Listen for key words (those you are acquiring or have acquired in class up to this point, plus those given in the **Vocabulario nuevo** section, at the beginning of each of the specific segments to which you will be listening).
2. Pay close attention to the context.
3. Make educated guesses whenever possible!

Pressure is your worst enemy when doing these assignments. Whenever you are stressed, if a problem arises, you will tend to think that the material is too difficult or that you are not as good a student as you should be; yet more often than not, extraneous factors are to blame. For example, a frequent cause of stress is poor planning. Leaving this type of assignment to the morning of the day it is due, and not allowing sufficient time to complete it without rushing, can easily lead to frustration. Listening to a segment over and over again without previous preparation can have the same result. Finally, listening over and over, even when you have followed the right procedure, is usually not very rewarding. When feeling a bit lost, a more effective remedy is to stop the tape and go over the particular topic as well as the related vocabulary in your textbook.

Unrealistic expectations are also a source of stress. Often students expect to understand everything after listening to a segment once or twice. Don't forget that listening to a tape is always different from listening to a person. When one listens to a radio talk show or to a song for the first time even in one's own language, one does not always grasp everything one hears. If you don't believe it, try this. Tape a radio show—in English, of course—and listen to it once only and without stopping the tape. Then jot down the main ideas. Now listen a second time and compare how much more you grasped the second time. If you wish, do the test with a new song instead. Count the times you have to play it to feel that you really know what the singer is saying. How many times do you think you would have to listen in order to write down the words of the song?

The following specific strategies will help you increase your comprehension now that the material is a bit more advanced than in the two preliminary **pasos**.

- First, find a comfortable, well-lit place—one where you can listen and write comfortably, without interruptions. Make sure you can have the tape player, as well as your workbook, within easy reach.
- Do not start until you are thoroughly familiar with the mechanism of the tape player and feel comfortable using it. Look for the "play," "rewind," "fast forward," "pause," and "stop" buttons, and familiarize yourself with their functions. Now find the counter and set it at 000. Remember to set it at 000 every time you begin a new dialogue (ad, narration, etc.), so that you will find the beginning easily every time you want to listen to that segment again.
- Now open your Workbook and tear out the pages of **Actividades de comprensión** that correspond to **Capítulo 1**, then look for **A. Radio KXET: Hotel Miramar** (p. 47).
- Look at the illustration and make a mental note of what it depicts. Now read everything that is printed for the segment. Besides helping you determine what is expected of you, this procedure will aid you in "creating" a context. Starting the tape player before preparing in this manner is like joining in the middle of a serious conversation (or arriving late after a difficult class has already started) and being expected to participate intelligently.
- Get into the habit of making sure you know what to look for. Yes, you are right, the task for this particular segment is to listen to the ad and decide whether the activities listed (1–8) can be done at the Hotel Miramar.
- Now that you know what you have to do, take a few seconds to map out a strategy. In order to avoid stress, you may wish to set a simple goal for yourself, such as concentrating or listening just for every even-numbered activity listed (2, 4, 6, 8). Then, once you start listening, concentrate on listening for those activities only. Once you have decided whether those can be done or not, listen again to do the same for the odd-numbered activities. You may listen again if you are not sure about any of them. If you found that only activities numbered 1, 5, 6, and 8 can be done at the hotel, you are right!

Now go on to **B. ¡Qué día más ocupado!** Once more, the first step is to read all that is printed on the page and to look at the illustration to the right. After doing this, you should have come to the conclusion that Silvia is going to do several things today and that you will listen to a conversation between Carlos and Silvia. You should also have found out that you will have to form logical sentences about what Carlos wants to do and about what Silvia is going to do by combining information given in two columns. You can anticipate several answers by using common sense. Number 2, for instance, has the word **banco**, whereas a. contains the words **depositar** and **cheque**. The same applies to two others: 4 mentions a **tienda de ropa** and b. mentions **comprar** and **camisa**; 5. has **supermercado** and c. has **comprar** and **cena**. Match these tentatively, then listen for the first time to check whether your guesses about 2, 4, 5 were correct. Now listen again to do 1 and 3. You are right if you have the following matches: 1e, 2a, 3d, 4b, 5c.

Now we will work with a different strategy for **C. ¿Una clase perfecta?** The introduction says Mónica is speaking with Raúl. The illustration has the word **fabulosa** as part of Monica's dialogue, which would suggest that she likes her class. Raúl, on the contrary, looks doubtful and asks a question. Since there are only four true/false questions, you can decide to do even numbers when you listen for the first time. If you say that 2 is true, you are right. Now we can go back to the illustration and confirm that it did have a clue. At this point, you can also see another clue. Raúl is asking Mónica whether she is joking (see third entry in the **Vocabulario nuevo** list) when Mónica says **fabulosa**. Now for 4: if you said false, you were right again. Although at the end of the conversation Mónica is still exulting, Raúl is barely convinced and he says nothing about going to Professor Martinez's class. Number 1 should be easy. Mónica does not say directly **me gusta**, so you will have to look for clues such as key words **contenta** and **divertida** to confirm your initial suspicion that she likes her Spanish class. Finally, let's do number 3. If you listen carefully, you will hear Raúl expressing his ideas of language classes and you will also hear Mónica admonish him with **Esta clase es diferente**. If you concluded that 3 is false, you were correct again.

Let's work with **D. Los horarios de clase**. The illustration tells you only that Mónica and the young man are enjoying their conversation, but the key word **horario** and the two "tables" underneath reveal that they are talking about class schedules. Since your task is to complete the class schedules, you know you will have to listen for classes and times. To avoid stress, make sure you attempt to complete only one schedule at a time. Do Mónica's first. The first thing you need to listen for is the days on which Mónica has classes. Since you know most students usually have the same classes on two or three different days, when you hear Mónica say **lunes miércoles y viernes**, you know now you only have to concentrate on listening for the times and the classes. You also know that you can fill out Monday only while listening and then go back and add the same information for Wednesday and Friday after you have stopped the tape. If you want, you can make it even easier for yourself by writing only the first three or four letters of each class while listening, and then go back and complete the words once you have stopped the tape. Follow the same procedure for Monica's Tuesday/Thursday schedule, and for all of Pablo's schedule. You can check your answers later, using the key at the end of this *Cuaderno*.

Two more . . . E and F. Find **E. ¡Vamos al cine!** After reading what is printed and looking at the illustration, you realize that this one has few easy clues. All you can know for sure is that two people, Nora and Raúl, are talking after class and that one doesn't have a class at 10:00, one doesn't like the cafeteria, etc. Also, from the title, and from number 5 you can predict that at least one of them wants to go to the movies. But wait, it is not as hard as you feared. Directions say you merely have to determine who makes the statements listed. The only thing to beware of is attempting to do everything the first time you listen to the segment. Plan on listening at least three times instead—once to focus on even numbers (2, 4, 6), a second time to focus on odd numbers (1, 3, 5) and a third time to check your work. You can check your answers later, using the key.

And now the last one, **F. El pronóstico del tiempo**. This one shows a TV anchorman. The map behind him suggests that this is either a newscast or a weather forecast. The title can help you determine that you will be listening to a weather forecast. Now look at what is expected of you: yes, you are right . . . you need decide what you will wear, since you are going to travel to the cities listed. By now it is clear the weatherman will not tell you what to wear, that you have to determine what is appropriate by listening to his weather report. You see that there are articles of clothing listed above the list of the cities. You can make it easier on yourself by using your knowledge of vocabulary (clothes and weather) to write the weather associated with each article, **frío** with **abrigo**, for instance. Again, you should now set a goal for yourself. The first time you listen you will focus on even-numbered cities only, and plan to write the weather of each city in the left margin. The second time around, plan to do odd-numbered cities, and again write their weather in the left margin. If you need to, listen a third and a fourth time to make sure you have the right weather by the right city. Now stop the tape and look at the weather for each city and at the weather you associated with each article of clothing, and quickly match them. You can check your answers later, using the key at the end of this *Cuaderno*.

These are some useful strategies, ones that students have reported have helped them in the past. No doubt you will pick the ones that work best for you and/or the ones more adquate for the different types of oral texts. Predictably, you will also soon develop some of your own strategies. We hope that this section has made you aware of the advisability of planning ahead and mapping out the most adequate strategies before attempting a task. After some practice you will be so familiar with the process that it will become more or less automatic. It should be so, for then it will have become a habit you can depend upon when communicating with native speakers of this language.

ACTIVIDADES DE COMPRENSIÓN[1]

A. Mandatos en la clase de español

VOCABULARIO NUEVO[2]

bueno	*OK*
¿Están listos?	*Are you ready?*
ahora	*now*
rápido	*fast*
«La cucaracha»	*popular Mexican song*

La profesora Martínez le da instrucciones[3] a su clase de español.

❖ ❖ ❖

Professor Martínez's commands to the class are listed below, out of sequence. Number the commands from 1 to 8 in the order that you hear them.

_2_ caminen

_6_ canten «La cucaracha»

_3_ corran

_4_ miren arriba

_1_ pónganse de pie

_8_ siéntense

_7_ digan «hola»

_5_ bailen

B. ¿Quién es?

VOCABULARIO NUEVO

conversan	*they are talking*
creo	*I believe, I think*

---

[1] Actividades... *Comprehension Activities*
[2] Vocabulario... *New Vocabulary*
[3] da... *gives instructions*

Alberto y Carmen, dos estudiantes en la clase de español de la profesora Martínez, conversan.

❖ ❖ ❖

Listen to the conversation between Carmen and Alberto and make a list of the names they mention in the order in which they are mentioned. (Here are the names out of order: *Esteban, Linda, Mónica, Luis.*)

1. _____Luis_____   3. _____Mónica_____

2. _____Esteban_____   4. _____Linda_____

C. Muchos estudiantes

VOCABULARIO NUEVO

hablan	*they are talking*
antes de	*before*
pues...	*well . . .*
un poco	*a little*

Alberto y Esteban hablan antes de la clase de español de la profesora Martínez.

❖ ❖ ❖

Write the names of the people described. (The names out of order are: *Luis Ventura, Mónica, Nora.*)

1. La chica de pelo rubio se llama _____Mónica_____.

2. La muchacha que lleva la falda amarilla es _____Nora_____.

3. El muchacho de pelo rizado que está con Nora es _____Luis_____.

D. ¿Qué ropa lleva?

VOCABULARIO NUEVO

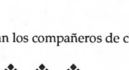

¡Qué feo!	*How ugly!*
¡Es muy feo!	*It is very ugly!*
¡Silencio!	*Quiet!*
Aquí viene.	*Here (she) comes.*

Esteban y Carmen hablan de la ropa que llevan los compañeros de clase y la profesora.

❖ ❖ ❖

Listen to the conversation and then indicate whether the following statements are true or false (*cierto* [C] o *falso* [F]).

1. __C__ Lan lleva una blusa rosada.

2. __F__ Alberto lleva pantalones grises y una camisa anaranjada.

3. _____ Luis lleva una chaqueta morada.

4. _____ La profesora Martínez lleva un abrigo morado muy feo.

E. La ropa

VOCABULARIO NUEVO

no entiende	*he doesn't understand*
las instrucciones	*directions*
empezar	*to begin*
correcto/a	*correct*
debajo de	*under*
los dibujos	*drawings*
perdón	*excuse me*
no entiendo	*I don't understand*
¿Cómo?	*What?, Would you repeat?*

La profesora Martínez habla con los estudiantes de su clase de español. Esteban no entiende bien las instrucciones.

❖   ❖   ❖

Look at these drawings as you listen to Professor Martínez. Write the numbers under the drawings, according to her instructions.

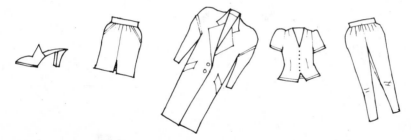

F. ¿Cuántos estudiantes llevan ropa del mismo color?

VOCABULARIO NUEVO

cuentan	*they count*
mismo/a	*same*
Vamos a contar.	*Let's count.*
más de	*more than*
¿verdad?	*right?, true?*
solamente	*only*

La profesora Martínez y los estudiantes de su clase de español cuentan las personas que llevan ropa del mismo color.

Indicate the number of students wearing each article of clothing mentioned.

1. _____ estudiantes llevan blusa blanca.

2. _____ estudiantes llevan camisa azul.

3. _____ estudiantes llevan pantalones de color café.

4. _____ estudiantes llevan zapatos de tenis.

5. _____ estudiante(s) lleva(n) botas.

G. Los números

VOCABULARIO NUEVO

por favor	*please*
continuar	*to continue*
otra vez	*again*

La profesora Martínez practica[1] los números con su clase de español.

Listen to the interaction and write the numbers Professor Martínez dictates.

____ 9 ____ 26 ____ ____ 23 ____ ____

H. Los saludos

VOCABULARIO NUEVO

hoy	*today*
¡Qué amable!	*How nice!*
¡Saludos a su esposa!	*Regards to your wife!*
Con gusto.	*With pleasure.*

Ernesto Ramírez saluda a la señora Rosita Silva, una de sus vecinas.

¿Cierto (C) o falso (F)?

1. _____ La señora Silva está muy bien.

2. _____ El señor Ramírez no está bien hoy.

3. _____ La señora Silva lleva un vestido rojo muy bonito hoy.

---
[1] *practices*

4. _____ La camisa del señor Ramírez es muy elegante.

5. _____ El señor Ramírez no lleva corbata.

PRONOUNCING AND WRITING SPANISH: PRELIMINARIES

NOTE: In this section of the text (and in Ejercicios de pronunciación *and* Ejercicios de ortografía), *only the actual exercise material will be heard on the tape. You should stop the tape and read the introductions before doing the exercises.*

Here are some preliminary pronunciation rules to help you pronounce Spanish words. They will be especially useful if you need to pronounce a word you have not heard yet. Each rule will be explained in more detail in subsequent pronunciation and orthographic exercises.

I. Vowels

The Spanish vowels are *a, e, i, o, u.* They are pronounced as very short and crisp sounds. Do not draw them out as sometimes happens in the pronunciation of English vowels. The following vowel sounds are approximate equivalents.

	SPANISH	ENGLISH
a	c<u>a</u>sa	f<u>a</u>ther
e	p<u>e</u>lo	w<u>ei</u>ght
i	s<u>í</u>	ch<u>ee</u>p
o	com<u>o</u>	wr<u>o</u>te
u	m<u>u</u>cho	L<u>u</u>ke

II. Consonants

The pronunciation of most Spanish consonants is close to that of English. However, Spanish sounds are never exactly the same as English sounds. For this reason the following rules are offered only as guidelines.

A. The pronunciation of these consonants is almost identical in Spanish and English.

	SPANISH	SOUNDS LIKE ENGLISH
ch	<u>ch</u>ile	<u>ch</u>ili
f	<u>f</u>uente	<u>f</u>ountain
l	<u>l</u>ámpara	<u>l</u>amp
m	<u>m</u>apa	<u>m</u>ap
n	<u>n</u>o	<u>n</u>o
p	<u>p</u>atio	<u>p</u>atio
s	<u>s</u>opa	<u>s</u>oup
t	<u>t</u>iempo	<u>t</u>ime

B. These consonants have more than one pronunciation in Spanish, depending on the letter that follows.

	SPANISH	SOUNDS LIKE ENGLISH	ENGLISH MEANING
c	<u>c</u>arro	*k* before *a, o, u*	*car*
c	<u>c</u>írculo	*s,* or *c* before *e, i*	*circle*
g	<u>g</u>eneral	*h* followed by *e, i*	*general*

g	gas	g followed by *a, o, u*, but pronounced softer than in English	*gas (element)*
x	ta<u>x</u>i	*ks* before a vowel	*taxi*
x	e<u>x</u>perto	*s* before a consonant	*expert*

C. The sounds of these Spanish consonants are almost identical to sounds in English that are represented by different letters.

	SPANISH	SOUNDS LIKE ENGLISH	ENGLISH MEANING
q	<u>q</u>ué	*k* when followed by *ue, ui;* never *kw*	*what*
z	<u>z</u>oológico	*s;* never *z*	*zoo*

D. The sounds of these Spanish consonants are similar to English sounds that are represented by different letters.

	SPANISH	SIMILAR ENGLISH SOUND	ENGLISH MEANING
d	pa<u>d</u>re	*fa<u>th</u>er*	*father*
j	<u>j</u>a <u>j</u>a	*<u>ha h</u>a*	*ha ha*
ll	<u>ll</u>ama	*<u>y</u>es*	*call(s)*
ñ	ca<u>ñ</u>ón	*can<u>y</u>on*	*canyon*

E. These Spanish sounds have no close or exact English equivalents.

	SPANISH	PRONUNCIATION	ENGLISH MEANING
b, v	ca<u>b</u>eza ca<u>v</u>ar	Similar to English *b* but softer; lips do not always close. No difference between *b* and *v* in Spanish	*head* *to dig*
r	pa<u>r</u>a	Single tap of the tongue	*for*
rr	pe<u>rr</u>o	Trill	*dog*

F. In Spanish *h*, and *u* in the combination *qu*, are always silent.

	SPANISH	ENGLISH MEANING
h	ɦablar	*to talk*
u *in* qu	qɥe	*that*

EJERCICIOS DE PRONUNCIACIÓN

Rhythm and Intonation

A. Listen to the sentences in the following dialogues on the tape and note the difference between English stress-timed rhythm and Spanish syllable-timed rhythm. Note especially that each syllable in Spanish seems about equal in length when pronounced.

Hello, how are you?
Fine, thanks. And you?
I'm fine. Are you a friend of Ernesto Ramírez?
Yes, he's a very nice person and also very intelligent.

Hola, ¿cómo está usted?
Muy bien, gracias. ¿Y usted?

Estoy bien. ¿Es usted amigo de Ernesto Ramírez?

Sí, es una persona muy simpática y muy inteligente también.

B. Listen and then pronounce the following sentences. Concentrate on making the syllables equal in length.

1. Carmen lleva una chaqueta azul.
2. Luis tiene el pelo negro.
3. La profesora Martínez es muy bonita.
4. Alberto lleva una camisa verde.
5. Los pantalones de Nora son blancos.

ACTIVIDADES ESCRITAS[1]

I. Mandatos en la clase de español

Lea *Gramática A.1.*

NOTE: Notes like the one above appear throughout the *Actividades escritas* to indicate which grammar topics you may want to review before doing a particular group of exercises. You may also want to turn to these sections for help while working.

Look at the drawings and then write the command that you think Professor Martínez gave the students.

bailen	*corran*	*escuchen*	*saquen un bolígrafo*	*caminen*
canten	*escriban*	*salten*	*lean*	*miren*

1. _____   2. _____

3. _____   4. _____

5. _____   6. _____

---

[1] Actividades... *Writing Activities*

II. Los nombres de los compañeros de clase

Lea *Gramática A.2.*

Complete these statements by writing the name of one of your classmates who fits the description.

1. ¿Cómo se llama una persona que tiene pelo rubio y rizado? Se llama _____.

2. ¿Cómo se llama una persona alta? Se llama _____.

3. ¿Cómo se llama una persona que lleva lentes? Se llama _____.

4. ¿Cómo se llama un/una estudiante que es muy guapo/bonita? Se llama _____.

5. ¿Cómo se llama un estudiante que tiene barba o bigote? Se llama _____.

III. Los colores y la ropa

Lea *Gramática A.3, A.5.*

A. ¿De qué color son?

1. El sombrero elegante es _____.

2. El conejo es _____.

3. Las hojas del árbol son _____.

4. La manzana es _____.

5. Las uvas son _____ o _____.

6. La bandera de los Estados Unidos es _____,

   _____ y _____.

B. Think of the clothing you own and then write a sentence matching your clothing with a description. Use more than one word for description.

MODELOS: (el) vestido → *Mi vestido es blanco y largo.*
(las) corbatas → *Mis corbatas son nuevas y bonitas.*

1. (las) blusas		nuevo/a, viejo/a
2. (las) camisas		bonito/a, feo/a
3. (las) faldas		largo/a, corto/a
4. (el) sombrero		blanco/a, negro/a
5. (la) chaqueta	es/son	grande, pequeño/a
6. (el) saco		verde, gris, azul, etc.
7. (el) suéter		anaranjado/a, rojo/a, etc.
8. (los) trajes		
9. (el) abrigo		
10. (los) pantalones		

1. _____

2. _____

3. _____

4. _____

5. _____

6. _____

IV. Los números (hasta 39)

Fill in the missing vowels to form a word. In the circle to the right write the number that corresponds to the word.

MODELO: T R _E_ C _E_ ◯

1. D __ C __ ◯

2. Q __ __ N C __ ◯

3. V __ __ N T __ C __ __ T R __ ◯

4. T R __ __ N T __ y C __ N C __ ◯

5. __ C H __ ◯

Now check your work by adding the numbers in the circles. The total should be **94**.

V. Los saludos y las despedidas

Complete these conversations by choosing the most logical word or phrase from the list that follows. Words may be used more than once.

| ¿Y usted | Adiós | Me llamo | Mucho gusto | Muy |
| gracias | ¿Cómo? | ¿Cómo se llama? | Hasta luego | |

1.

2.

3.

4.

ACTIVIDADES DE COMPRENSIÓN

A. ¿*Tú* o *usted*?

En la clase de la profesora Martínez.

Indicate **tú** or **usted** for each conversation.

1. _____   3. _____

2. _____   4. _____

B. Las cosas en el salón de clase

VOCABULARIO NUEVO

busquen	*look for*
perdón	*excuse (me)*
finalmente	*finally*

La profesora Martínez habla de las cosas en la clase de español.

Write the numbers in the correct blank below each drawing.

___ ___ ___ ___ ___

C. El primer día[1] de clase

VOCABULARIO NUEVO

la escuela	*school*
¡Claro que sí!	*Of course!*
el/la maestro/a	*teacher*

Estela Ramírez habla con su hijo Ernestito de su primer día en la escuela.[2]

❖ ❖ ❖

¿Sí o no? En el salón de clase de Ernestito hay:

1. _____ 2. _____ 3. _____ 4. _____

5. _____ 6. _____ 7. _____ 8. _____

9. _____ 10. _____ 11. _____ 12. _____

_____
[1] primer... *first day*
[2] *school*

D. Las partes del cuerpo

VOCABULARIO NUEVO

¡Alto!	*Stop!*
¡tóquense!	*touch (your)!*
rápidamente	*quickly*

La profesora Martínez le da instrucciones a su clase de español.

Listen to what Professor Martínez says and check the parts of the body that she mentions in this TPR sequence.

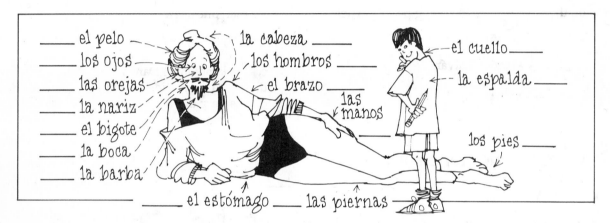

E. El estudiante francés[1]

VOCABULARIO NUEVO

matemáticas	*Math*
romántico/a	*romantic*
Es verdad.	*That's true.*
¡Qué lástima!	*What a pity!*

Nora y Mónica hablan del estudiante francés que está en su clase de matemáticas.

¿Cierto (C) o *falso* (F)?

1. _____ Richard es un joven[2] feo.

2. _____ El chico de pantalones azules es Alberto.

3. _____ Richard habla español y francés.

---

[1] *French*

[2] un... *a young man*

F. En la plaza

VOCABULARIO NUEVO

la gente	*people*
aquí	*here*
A ver...	*Let's see . . .*
el/la novio/a	*boy/girlfriend*
¡Caramba!	*Wow, gee!*
¡Cuánta gente!	*What a crowd!*

Doña Rosita Silva y don Anselmo Olivera hablan de las personas en la plaza.

How do they identify the following people? There may be more than one answer.

1. _____ la señora Batini

2. _____ el señor Galván

3. _____ Leticia Reyes

a. Es joven y bonita.
b. Tiene bigote.
c. Es la novia de Daniel.
d. Lleva un vestido morado.
e. Es muy tímido.
f. Es simpático.

G. ¡Carmen no tiene ropa nueva!

VOCABULARIO NUEVO

la tienda de ropa	*clothing store*
pregunta	*she asks*
pero	*but*
el dinero	*money*

Carmen Bradley está en una tienda de ropa elegante. Pregunta cuánto cuesta la ropa.

Answer these questions.

1. ¿Cuánto cuesta la falda azul?   Cuesta $_____.

2. ¿Es larga o corta la falda azul?   Es _____.

3. ¿Cuánto cuesta el vestido blanco?   Cuesta $_____.

4. ¿Es corto o largo el vestido?   Es _____.

5. ¿Cómo es la ropa de la tienda?   Es muy _____.

EJERCICIOS DE PRONUNCIACIÓN

Vowels

A. Vowels in Spanish are represented by five letters: *a, e, i, o, u*. Listen to the vowel sounds in these words.

- a   mes<u>a</u>, l<u>a</u>rgo, <u>a</u>zul, <u>a</u>brigo
- e   caf<u>é</u>, clas<u>e</u>, n<u>e</u>gro, muj<u>e</u>r
- i   s<u>í</u>, t<u>i</u>za, l<u>i</u>bro, r<u>i</u>zado
- o   man<u>o</u>, pel<u>o</u>, c<u>o</u>rt<u>o</u>, r<u>o</u>j<u>o</u>
- u   l<u>u</u>z, bl<u>u</u>sa, m<u>u</u>cho, g<u>u</u>sto

All of the vowels in Spanish are relatively short, unlike the vowels in English. English has both short vowels (as in the words *hit, pet, sat, but*) and long vowels (as in the words *he, I ate, who, do*). Notice that in English the word *go* is pronounced like *gow* and the word *late* as if it were *layte*. Such lengthening of vowel sounds, while typical in English, does not occur in Spanish.

B. Listen to the tape and compare the following English and Spanish vowel sounds.

ENGLISH	SPANISH
day	de
say	sé
low	lo
mellow	malo

C. Listen and then repeat the following words. Concentrate on producing short vowel sounds in Spanish.

- a   t<u>a</u>rde, <u>a</u>miga, c<u>a</u>mis<u>a</u>, m<u>a</u>no, llam<u>a</u>
- e   camin<u>e</u>, cant<u>e</u>, p<u>e</u>lo, pr<u>e</u>sid<u>e</u>nte, g<u>e</u>neroso
- i   <u>i</u>deal<u>i</u>sta, <u>i</u>nteligente, bon<u>i</u>ta, s<u>i</u>mpát<u>i</u>co, t<u>í</u>m<u>i</u>do
- o   n<u>o</u>che, c<u>o</u>mpañer<u>o</u>, <u>o</u>jo, <u>o</u>tr<u>o</u>, c<u>o</u>m<u>o</u>, b<u>o</u>ca
- u   p<u>u</u>pitre, az<u>u</u>l, s<u>u</u>, <u>u</u>sted, bl<u>u</u>sa

D. Now listen and pronounce the following sentences. Remember to produce short vowels and use syllable-timed rhythm.

1. Esteban es mi amigo.
2. Yo tengo dos perros.
3. Mi novio es muy guapo.
4. Nora es muy idealista.
5. Usted es una persona reservada.

EJERCICIOS DE ORTOGRAFÍA[1]

Interrogatives: Accent Marks

When writing question words (*who?, where?, when?, why?, how?*), always use question marks before and after the question and write an accent mark on the vowel in the stressed syllable of the question word.

---

[1] Ejercicios... *Spelling Exercises*

Listen and then write the question words you hear beside the English equivalents.

1. How? _____

2. What? _____

3. Who? _____

4. How many? _____

5. Which? _____

ACTIVIDADES ESCRITAS

I. Hablando con otros

Lea *Gramática B.1–B.2.*

Complete estos diálogos. Use *tú* o *usted* y *está* o *estás*.

A. Alberto y Nora están en la universidad.

   ALBERTO: Hola, Nora. ¿Cómo *estás*?

   NORA: Bien, Alberto. ¿Y *tú*?

   ALBERTO: Muy bien, gracias.

B. Esteban y la profesora Martínez están en la oficina.

   PROFESORA MARTÍNEZ: Buenos días, Esteban. ¿Cómo *está* *usted*?

   ESTEBAN: Muy bien, profesora Martínez. ¿Y *usted*?

   PROFESORA MARTÍNEZ: Bien, gracias.

C. Pedro Ruiz habla con Paula, la hija de Ernesto y Estela Ramírez, sus vecinos. Paula tiene seis años.

   SEÑOR RUIZ: Hola, Paula. ¿Cómo *estas*?

   PAULA: Bien, gracias. ¿Y *tú*?

   SEÑOR RUIZ: Muy bien, gracias.

II. Las cosas en el salón de clase

Lea *Gramática B.3–B.6.*

¿Qué hay en su salón de clase? Diga qué hay y cómo es. Aquí tiene usted algunas palabras útiles.

blanco/a, negro/a, verde, bonito/a, feo/a, fácil, difícil, moderno/a, nuevo/a, viejo/a, pequeño/a, grande

   MODELO: Hay una pizarra verde.

1. *Hay un escritorio viejo.*
2. *Hay un techo feo.*
3. *Hay una ventana blanca.*
4. *Hay un libros verde*
5. *Hay una silla nueva.*

III. Las partes del cuerpo

Lea *Gramática B.3, B.5, B.6.*

A. Complete correctamente.

1. En la cara tenemos[1] dos ___oreja___ , una ___boca___ y una ___nariz___.

2. En la cabeza tenemos la cara, el ___pelo___ y dos ___ojos___ .

3. El cuerpo humano tiene una _____ , un _____ , dos _____ , dos _____ , dos _____ y dos _____ .

B. Dibuje (*Draw*) y describa un extraterrestre.

> MODELO: Restap es muy interesante. Tiene cuatro orejas, un ojo y una boca. No tiene pelo. También tiene tres brazos largos y uno corto, cuatro manos, una pierna y un pie.

IV. La descripción de las personas

Lea *Gramática B.6.*

A. Describe the personality of the following people using the words below. Include their names when appropriate, and use more than one word for each person.

> MODELO: un compañero   artístico/simpático → *John es artístico y simpático.*

1. una compañera
2. tres compañeros
3. el/la profesor(a)
4. mi mamá/papá
5. mi amigo/a
6. dos estudiantes

dedicado/a
divertido/a
tímido/a
reservado/a
nervioso/a

artístico/a
antipático/a
inteligente
entusiasta
idealista

1. _____

2. _____

3. _____

4. _____

---

[1] *we have*

5. _____

6. _____

B. Describa a dos compañeros de clase, un compañero (hombre) y una compañera (mujer).

MODELO: Mónica lleva un suéter amarillo y zapatos de tenis. Es alta. Tiene el pelo rubio y los ojos azules. Es inteligente y simpática.

Use *tiene* (has) and *es* (is) with descriptions and *lleva* (is wearing) with clothing. Here are some words and phrases you might want to use.

tiene: pelo largo, pelo corto, pelo castaño, pelo rubio, pelo negro; ojos azules, ojos verdes, ojos castaños; barba, bigote

lleva: pantalones cortos, una falda nueva, un vestido bonito, una blusa blanca, zapatos de tenis

es: divertido/a, trabajador(a), reservado/a, generoso/a, tímido/a, entusiasta, idealista

1. _____

_____

_____

_____

_____

_____

2. _____

_____

_____

_____

_____

_____

DIÁLOGOS Y DIBUJOS

Complete estas conversaciones con la frase adecuada según la situación. Use todas las frases.

tímido/a   *¡Claro que sí!*   *¿Cuánto cuesta(n)... ?*   *gracias*   *¡Claro que no!*

1.

2.

3.

4.

P A S O **C**

ACTIVIDADES DE COMPRENSIÓN

A. La familia de Luis

VOCABULARIO NUEVO

en total   *total, in all*

Luis Ventura habla de su familia con la profesora Martínez.

Escriba los nombres de los padres y los hermanos de Luis.

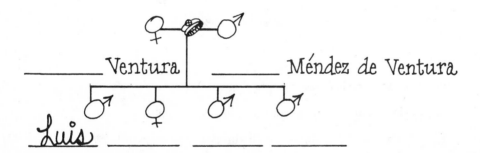

_____ Ventura   _____ Méndez de Ventura

Luis _____   _____   _____

B. Después de la fiesta

VOCABULARIO NUEVO

recordar/Ya recuerdo.   *to remember/Now I remember.*
otro/a   *other, another*
¡Qué mala memoria!   *What a bad memory!*
especialmente   *especially*

Álvaro y Lisa Ventura están en su casa después de[1] la fiesta de su hijo Luis. Hay muchos objetos de los amigos de sus hijos.

_____
[1] después... *after*

Diga qué objetos hay en casa de los señores Ventura y de quiénes son.

	OBJETOS	ES/SON	DE
1. La	_____	_____	_____ Alberto.
2. El	_____	_____	_____ Alfredo.
3. El	_____	_____	_____ Carmen.
4. Los	_____	_____	_____ Esteban.

C. Las corbatas del abuelo

VOCABULARIO NUEVO

busca	*he is looking for*
activo/a	*active*
alegre	*cheerful*
el corazón	*heart*
siempre	*always*
¡Mucho menos!	*Much less!, Hardly!*

El señor Rivero busca su corbata negra.

¿Cierto (C) o *falso* (F)?

1. _____ Gustavo no tiene la corbata negra de su padre.

2. _____ El abuelo de Gustavo tiene corbatas de muchos colores.

3. _____ La corbata roja es del abuelo de Gustavo.

4. _____ El abuelo de Gustavo es una persona alegre.

5. _____ El abuelo de Gustavo tiene la corbata negra.

D. Los números en múltiplos de diez

VOCABULARIO NUEVO

por favor	*please*
repita	*repeat*

Escriban el número cincuenta.

La profesora Martínez practica los números con su clase de español. Esteban no entiende muy bien las instrucciones.

Listen and write (in numerals) the numbers Professor Martínez dictates, in the order given.

_____ _____ _____ _____ _____ _____ _____ _____ _____ _____

E. En la tienda de ropa[1]

VOCABULARIO NUEVO

el/la dependiente/a	*salesperson*
la avenida	*avenue*
la camiseta	*T-shirt*
el traje de baño	*bathing suit*
¡A descansar!	*Let's rest!*
¡Por fin!	*Finally!*

Carla Espinosa y Rogelio Varela son estudiantes en la Universidad de Puerto Rico en Río Piedras. Son dependientes en la tienda de ropa El Encanto, en la Avenida Ponce de León.

Listen to the conversation and indicate how many of each item of clothing Carla and Rogelio have counted.

1. _____ pantalones

2. _____ camisetas

3. _____ blusas

4. _____ faldas

5. _____ trajes para hombre

6. _____ vestidos

7. _____ pantalones cortos

8. _____ trajes de baño

F. La edad de los estudiantes

VOCABULARIO NUEVO

la pregunta	*question*
este...	*uummm/uh . . . (a "filler" to pause while thinking)*
«treinti... muchos»	*"thirty plus"*

La profesora Martínez habla con sus estudiantes sobre sus edades.

List each person mentioned in the conversation and his/her age.

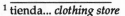

[1] tienda... *clothing store*

	PERSONA	EDAD
1.	_____	_____
2.	_____	_____
3.	_____	_____
4.	_____	_____
5.	_____	_____
6.	_____	_____
7.	_____	_____

G. Las Olimpíadas

VOCABULARIO NUEVO

el/la deportista	*sportsman/woman*
el campeón olímpico/ la campeona olímpica	*champion*
al lado izquierdo	*to the left*
cerca de	*near*
el/la nadador(a)	*swimmer*
el/la futbolista	*football/soccer player*
famoso/a	*famous*
la orquesta	*orchestra*

En una fiesta después de las Olimpíadas de 1992 en Barcelona, España, Julio Delgado, reportero de radio, habla con una amiga.

❖ ❖ ❖

Complete la tabla con la información que falta.[1]

NOMBRE	DESCRIPCIÓN (PELO)	NACIONALIDAD	DEPORTE
Steffi Graff		alemana	
	pelo castaño		tenis
Yang Wenli			nadadora
		norteamericana	
Pelé			brasileño

---
[1] *is missing*

EJERCICIOS DE PRONUNCIACIÓN

Pronunciación: *ll, ñ, ch*

The letter *ll* (*elle*) is pronounced the same as the Spanish letter *y* by most speakers of Spanish and is very similar to the English *y* in words like *you, year*.

A. Listen and then pronounce the following words with the letter *ll*.

llama, amarillo, lleva, ellas, silla

The letter *ñ* is very similar to the combination *ny* in English, as in the word *canyon*.

B. Listen and then pronounce the following words with the letter *ñ*.

castaño, niña, señor, año, compañera

The combination *ch* is considered a single letter in Spanish. It is pronounced the same as *ch* in English words such as *chair, church*.

C. Listen and then pronounce the following words with the letter *ch*.

chico, chaqueta, muchacha, ocho

D. Concentrate on the correct pronunciation of *ll, ñ,* and *ch* as you listen to and pronounce these sentences.

1. La niña pequeña lleva una blusa blanca y una falda amarilla.
2. La señorita tiene ojos castaños.
3. Los niños llevan chaqueta.
4. El niño alto se llama Toño.
5. El chico guapo lleva una chaqueta gris.

EJERCICIOS DE ORTOGRAFÍA

New Letters: *ll, ñ, ch*

A. Listen and write the words you hear with the letter *ñ*.

1. _____   3. _____   5. _____

2. _____   4. _____

B. Now listen and write the words you hear with the letter *ll*.

1. _____   3. _____   5. _____

2. _____   4. _____

C. Listen and write the words you hear with the letter *ch*.

1. _____   3. _____   5. _____

2. _____   4. _____

I. La familia y la posesión

Lea *Gramática* C.1–C.2.

A.   Mi familia: Complete el dibujo con los nombres de las personas de su familia.

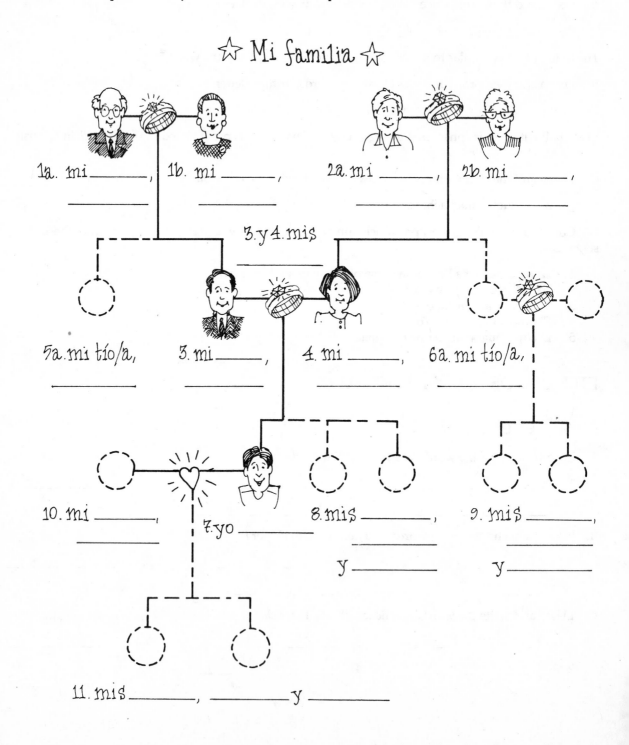

☆ Mi familia ☆

1a. mi _____, 1b. mi _____, 2a. mi _____, 2b. mi _____,

_____ _____ _____ _____

3. y 4. mis _____

5a. mi tío/a, 3. mi _____, 4. mi _____, 6a. mi tío/a,

_____ _____

10. mi _____, 7. yo _____ 8. mis _____, 9. mis _____,

_____ _____ _____

y _____ y _____

11. mis _____, _____ y _____

Ahora mire el dibujo y complete las frases con los nombres apropiados.

1. Los padres de mi padre (mis abuelos) se llaman _____ y

   _____ .

2. Los padres de mi madre (mis abuelos) se llaman _____ y

   _____ .

3. Mi padre se llama _____ .

4. Mi madre se llama _____ .

5a. El hermano/La hermana de mi padre (mi tío/tía) se llama _____ . Es

   _____ (casado/a, soltero/a). Tiene _____ hijos.

5b. El otro/La otra hermano/a de mi padre (mi tío/tía) se llama _____ y es

   _____ (casado/a, soltero/a). Tiene _____ hijos (mis primos). Se llaman

   _____ .

6a. El hermano/La hermana de mi padre (mi tío/tía) se llama _____ y es

   _____ (casado/a, soltero/a). Tiene _____ hijos.

6b. El otro/La otra hermano/a de mi padre (mi tío/tía) se llama _____ y es

   _____ (casado/a, soltero/a). Tiene _____ hijos (mis primos). Se llaman

   _____ .

7. Yo me llamo _____ . Soy _____ (soltero/a, casado/a).

8. Tengo _____ hermanos. Se llaman _____ .

B. Describa a los miembros de su familia.

   MODELO: ¿Mi papá? → *Es inteligente y generoso.*

   simpático/a, generoso/a, inteligente, sincero/a, idealista, reservado/a, divertido/a, moderno/a

1. ¿Mi hermano/a? _____

2. ¿Mi esposo/a, novio/a? _____

3. ¿Mi mamá? _____

4. ¿Mi abuelo/a? _____

5. ¿Mi hijo/a? _____

II. La posesión

Repase *Gramática C.1–C.2.*

A. Diga quién en su familia tiene estas cosas.

   MODELO: Mi hermano → *Mi hermano tiene un coche.*

   *muchos libros, un sombrero viejo, un coche nuevo, pantalones azules, una chaqueta anaranjada,
   botas negras, un suéter blanco, una falda nueva, una casa vieja, una bicicleta roja*

1. Yo _____

2. Mi papá _____

3. Mi mamá _____

4. Mis hermanas _____

5. Mi hermano y yo _____

B. ¿De quién son estas cosas?

> MODELO: la blusa → *La blusa es de mi abuela.*
> los lentes → *Los lentes son de Esteban.*

mi hermano/a, mi amigo/a, el profesor/la profesora, mi mamá, mi papá, mi novio/a, mi abuelo/a, mi hijo/a, el vecino/la vecina

1. Los pantalones azules *son de* _____

2. La camisa nueva *es de* _____

3. El libro de español _____

4. Los zapatos de tenis _____

5. El carro nuevo _____

6. Los perros simpáticos _____

7. Las plantas bonitas _____

C. Escriba una descripción.

> MODELO: ¿Cómo es el traje de Juan? → *Su traje es nuevo, gris y muy bonito.*

1. ¿Cómo es la blusa de la profesora?

   _____

2. ¿Cómo es el pelo de su novio/a?

   _____

3. ¿Cómo son los ojos de su mamá?

   _____

4. ¿Cómo son los pantalones de su hermano/a?

   _____

5. ¿Cómo es el carro de su novio/a (esposo/a)?

   _____

III. Los números (10–100) y la edad

Lea *Gramática C.3*.

A. Diga la edad.

> MODELO: ¿Cuántos años tiene su padre? → *Mi padre tiene cincuenta y nueve años.*

1. ¿Cuántos años tiene usted?

   _____

2. ¿Cuántos años tiene su profesor(a)?

   _____

3. ¿Cuántos años tiene su hermano/a o su hijo/a?

   _____

4. ¿Cuántos años tiene su mejor amigo/a?

   _____

5. ¿Cuántos años tiene su madre o su padre?

   _____

B. ¿Cómo se escribe el total?

   MODELO: veinticinco + veinticinco = _C_ _I_ _N_ _C_ _U_ _E_ _N_ _T_ _A_ =

1. treinta y cinco + treinta y cinco = ___ ___ ___ ___ ___ ___ ___ =

2. setenta y uno + cinco + catorce = ___ ___ ___ ___ ___ ___ ___ =

3. diez + cincuenta + veinte = ___ ___ ___ ___ ___ ___ ___ =

4. ochenta y dos + ocho + diez = ___ ___ ___ ___ =

   SUMA TOTAL =

C. ¿Cuánto cuestan los objetos? Escriba los precios.

   MODELO: El gato cuesta *veinte noventa y nueve.*

1. El radio cuesta _____.

2. El diccionario Oxford cuesta _____.

3. Los libros cuestan _____.

4. El reloj para deportistas cuesta _____.

5. El perro San Bernardo cuesta _____.

IV. Los idiomas y las nacionalidades

Lea *Gramática C.4–C.5*.

Complete los espacios en blanco con palabras que describen el idioma, la nacionalidad o el país.

MODELO: Carlos Salinas de Gortari es el presidente de México y habla _____.

1. Steffi Graff es una tenista _____ y habla _____.

2. Hosni Mubarak, el primer ministro de Egipto, es _____ y habla

    _____.

3. Yitzak Shamir es _____ y habla _____.

4. En Tokio hablan _____; es la capital de _____.

5. Boris Yeltsin es _____ y habla _____.

6. En Roma hablan _____; es la capital de _____.

7. Nelson Mandela es _____ y habla _____ y xhosa.

8. Madrid es una ciudad española, es la capital de _____.

9. En Inglaterra, los Estados Unidos y Australia hablan _____.

10. Los Gypsy Kings son franceses y hablan _____.

DIÁLOGOS Y DIBUJOS

Complete estas conversaciones con la frase adecuada según la situación. Use todas las frases.

Perdón   *¿De quién es/son... ?*   *¡Qué mala memoria!*   *¡Cómo cambia el mundo!*

P A S O **D**

ACTIVIDADES DE COMPRENSIÓN

A. Los cumpleaños

VOCABULARIO NUEVO

entonces *then, therefore*
saber/ya sabe *to know/you already know*

La profesora Martínez está hablando con los estudiantes de las fechas de sus cumpleaños.

Escriba la fecha del cumpleaños de estas personas.

FECHA DE CUMPLEAÑOS

1. Carmen _____

2. Alberto _____

3. Esteban _____

4. Mónica _____

5. la profesora Martínez _____

B. Información, por favor

VOCABULARIO NUEVO

Momentito. *Just a moment.*
Diga. *Hello. (used when answering the telephone in Spain)*
la zapatería *shoe store*

Pilar Álvarez es una chica española de veintidós años. En la mañana estudia diseño y artes gráficas[1] en el Instituto Español de Comercio. En la tarde trabaja de operadora en el servicio de información de la compañía telefónica en Madrid.

❖ ❖ ❖

Escuche a Pilar y complete los espacios en blanco correctamente.

NÚMERO DE TELÉFONO

1. Ricardo Puente Arce   _____

2. Melisa Becker López   _____

3. Zapatería El Pie Pequeño   _____

4. Colegio La Paz   _____

5. Manuel Hernández Bartlett   _____

C. Horarios y direcciones

VOCABULARIO NUEVO

obtener	*to obtain, get*
abrir/abre(n)	*to open/(they) open*
cerrar/cierra(n)	*to close/(they) close*
temprano	*early*
desde... hasta...	*from . . . to . . .*
A sus órdenes.	*At your service.*

Silvia Bustamante está llamando por teléfono para obtener información.

❖ ❖ ❖

Complete la información para Silvia.

1. Lugar: Banco Interamericano

    Horas: De _____ a _____ y de _____ a _____

    Días: Todos los días excepto los _____

    Dirección: Avenida Juárez, número _____

2. Lugar: Lavandería Tres Hermanos

    Horas: De _____ a _____

    Días: _____ _____ _____, excepto los viernes

    Dirección: Calle Coronado, número _____

_____

[1] diseño... *design and graphic arts*

3. Lugar: Supermercado El _____

    Horas: De las _____ de la mañana a las _____ de la noche

    Días: De _____ a _____

    Dirección: Calle Miguel Alemán, número _____ sur

D. Ernestito

VOCABULARIO NUEVO

el Distrito Federal (el D. F.)	*Federal District*
sobre todo	*above all*
peligroso/a	*dangerous*
los fines de semana	*weekends*
ir/vamos	*to go/we go*
el parque	*park*

Ernestito Ramírez habla de su familia y de sus actividades favoritas.

¿Cierto (C) o *falso* (F)?

1. _____ Ernestito vive en el D. F.

2. _____ Tiene tres hermanos.

3. _____ Su hermana se llama Lobo.

4. _____ A Ernestito le gusta montar en bicicleta.

5. _____ En el parque Chapultepec Ernestito monta en bicicleta.

E. ¡Qué activos son ustedes!

VOCABULARIO NUEVO

correr	*to run*
sin duda	*without a doubt*
el talento	*talent*
ya sabemos	*we already know*
las montañas	*mountains*
esquiar en la nieve	*to snow ski*
navegar	*to sail*
tan... como	*as . . . as*

La profesora Martínez habla con dos estudiantes, Lan Vo y Luis Ventura, sobre sus actividades favoritas.

Diga a quién le gusta hacer estas actividades, ¿a Lan (LA) o a Luis (LU)?

1. _____ nadar

2. _____ jugar al tenis

3. _____ montar en bicicleta

4. _____ jugar al fútbol

5. _____ navegar

F. La familia de Esteban

VOCABULARIO NUEVO

pues   *well*
como tú   *like you*

Lan Vo y Esteban Brown hablan de las actividades favoritas de la familia de Esteban.

❖   ❖   ❖

Llene los espacios con la información apropiada.

PERSONA	ACTIVIDAD	ACTIVIDAD
la madre		
	jugar al tenis	
el hermano, Michael		
		hablar con chicas bonitas

G. En la clase de historia

VOCABULARIO NUEVO

solamente   *only*
profe   *Prof*
recuerden   *remember*
después   *after*

Silvia y Carlos están en la clase de historia del profesor Castillo. La clase es difícil y aburrida. El profesor habla solamente de las fechas de los eventos históricos.

❖ ❖ ❖

¿Cierto o falso? Si no son las fechas correctas, escriba las fechas correctas.

El profesor Castillo dice que:

1. _____ La fecha de la Independencia de los Estados Unidos es 1774. _____

2. _____ La fecha de la Declaración de Independencia de México es 1810. _____

3. _____ La fecha de la Revolución Mexicana es 1810 también. _____

4. _____ La fecha de la Revolución Francesa es 1289. _____

5. _____ La fecha de la Revolución de Nicaragua es 1559. _____

EJERCICIOS DE PRONUNCIACIÓN

Pronunciación: *r*

The Spanish *r* is not at all like the American English *r*. In Spanish there are two basic *r* sounds: one is a trill, the double *r* (*rr*), and the other is a tap, the single *r* (*r*).

A. Listen and then pronounce the following words with double *r* (*rr*).

cierre, borrador, pizarra, perro, correcto

If the letter *r* begins a word, it is usually pronounced with a trill. Note that at the beginning of a word, a trill is written as a single *r* rather than as a double *r*.

B. Listen and then pronounce the following words that begin with a trill.

rizada, rojo, rubia, reloj, reservado, ropa

Remember that in Spanish the double *r*, and the single *r* at the beginning of a word, are trilled. Most other *r*'s are pronounced as a tap, that is, the tongue strikes the roof of the mouth lightly. It is very similar to the way Americans pronounce some *d*'s and *t*'s (which sound very much like *d*'s) in the middle of words: butter, pretty, water, latter, ladder, body. Say the expression pot of tea very quickly and pay attention to the *t* of pot.

C. Listen and then pronounce the following words with Spanish single *r*.

mire, nariz, pero, orejas, claro, cara, hora

D. Now practice the same sound when the letter appears at the end of the word.

bailar, doctor, cocinar, hablar, ver, leer, mayor, menor, tener, mejor, ser

E. Listen to the following sentences and then pronounce them, concentrating on producing *r* and *rr* correctly. Don't forget to pronounce the vowels short and to use syllable-timed rhythm.

1. Cierre la puerta.
2. Luis tiene el pelo rizado.
3. El perro de Carlos es muy grande.
4. —¿Qué hora es?
   —No tengo reloj.
5. Miren arriba.

EJERCICIOS DE ORTOGRAFÍA

Write the words you hear paying attention to the single and double *r* sounds and how they are written.

1. _____   6. _____

2. _____   7. _____

3. _____   8. _____

4. _____   9. _____

5. _____   10. _____

ACTIVIDADES ESCRITAS

I. Las fechas y los cumpleaños

Lea *Gramática D.1.*

A. Escriba la fecha del cumpleaños de estas personas.

      MODELO: Adriana Bolini: 17 de abril → *Adriana Bolini nació el diecisiete de abril.*

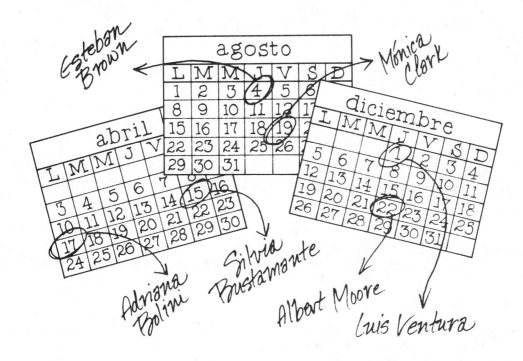

1. _____

2. _____

3. _____

4. _____

5. _____

Ahora diga cuándo es el cumpleaños de algunos miembros de su familia.

      MODELO: Mi *tío* Paul nació el *catorce* de abril.

1. _____

2. _____

3. _____

¿Y usted cuándo nació? Yo nací _____

B. **Fechas importantes:** ¿Qué fechas son estas? Escriba los números.

    1.   Cortés conquistó a los aztecas en _____ (mil quinientos veintiuno).

2. La fecha de la independencia de varios países de la América Latina es _____ (mil ochocientos veintiuno).

3. Nuestro país (los Estados Unidos) nació en _____ (mil setecientos setenta y seis).

4. La fecha de las Olimpíadas en Barcelona es _____ (mil novecientos noventa y dos).

5. En mi opinión, la fecha más importante es _____

   (_____) porque yo nací en _____.

II. Datos personales: el teléfono y la dirección

Lea *Gramática D.2–D.3.*

A. Las descripciones. Escriba la descripción de las siguientes personas.

> MODELO: Nombre: *Bernardo Antonio Torres Blanco*
> Dirección: *Calle Molino 883*
> Ciudad: *Bogotá, Colombia*
> Teléfono: *59-42-63*
> Edad: *46 años*
> Estado civil: *casado (Inés)*
> Hijos: *3*
>
> El nombre de mi amigo es Bernardo Antonio Torres Blanco. Tiene 46 años. Bernardo es de Ecuador pero vive ahora en la ciudad de Bogotá, Colombia. Vive en la calle Molino, número 883. Su número de teléfono es el 59-42-63. Su esposa se llama Inés. Tiene tres hijas.

1. Ahora escriba una descripción de Silvia.

   Nombre: *Silvia Alicia Bustamante Morelos*
   Dirección: *Paseo de la Reforma 5064, Apartamento 12*
   Ciudad: *México, D. F.* País: *México*
   Teléfono: *62-03-18*
   Edad: *21*
   Estado civil: *soltera*

   _____
   _____
   _____
   _____
   _____

2. Ahora escriba una descripción de un buen amigo o una buena amiga.

   _____
   _____
   _____
   _____
   _____

B. Mi familia

>MODELO: Mi hermana se llama Gloria Álvarez Cárdenas. Es alta y bonita. Tiene pelo rubio y ojos castaños. Tiene 23 años. Es idealista, entusiasta y generosa. Le gusta mucho hablar con sus amigos y observar a las personas. Ella estudia psicología. Vive en Madrid en un apartamento pequeño. Su dirección es Calle Almendras, número 481. Su número de teléfono es el 2-71-94-55.

Ahora describa a un miembro de su familia.

_____

_____

_____

_____

_____

_____

_____

_____

_____

_____

_____

_____

III. La hora

Lea *Gramática D.4.*

¿Qué hora es? Escriba la hora apropiada.

>MODELOS: 6:30 → Son las seis y media.
>1:50 → Son las dos menos diez.

1. 9:00 _____

2. 8:15 _____

3. 9:47 _____

4. 3:30 _____

5. 11:20 _____

6. 12:00 _____

7. 1:05 _____

8. 4:45 _____

9. 8:58 _____

10. 6:55 _____

IV. Las actividades favoritas y los deportes

Lea *Gramática D.5*.

A. Diga qué actividades le gustan y qué actividades no le gustan a usted.

> MODELO: correr → *No me gusta correr.*
> leer → *Me gusta leer.*

jugar al tenis, comer en restaurantes elegantes, nadar en el mar, ver la televisión, estudiar, escuchar música, salir con mis amigos, ir de compras

1. _____
2. _____
3. _____
4. _____
5. _____
6. _____
7. _____
8. _____

B. ¿Qué les gusta hacer a sus compañeros de clase? Complete las oraciones.

> MODELO: A *Pedro* le gusta *cantar.*

1. A _____ le gusta _____.
2. A _____ le gusta _____.
3. A _____ le gusta _____.
4. A _____ le gusta _____.
5. A _____ y a _____ les gusta _____.

C. ¿Qué les gusta hacer a usted y a estas personas?

1. A mi padre y a mí nos gusta _____
2. A mis hermanos y a mí nos gusta _____
3. A mi novio/a (mi esposo/a) y a mí nos gusta _____
4. A mis amigas y a mí nos gusta _____
5. A mis hijos y a mí nos gusta _____

DIÁLOGOS Y DIBUJOS

Complete estas conversaciones correctamente con la palabra o frase adecuada según la situación. Use todas estas frases o palabras.

> *Por favor*   *¿Cómo se escribe?*   *¡No lo creo!*   *No entendí*   *¿Bailamos?*

1.

2.

3.

4.

5.

LECTURAS ADICIONALES

Los amigos hispanos
Las actividades de Raúl

¿Qué le gusta hacer a usted en su tiempo libre? ¿Le gusta ir al cine? ¿escuchar música? En esta lectura describimos las actividades favoritas de un estudiante mexicano. ¿Cuáles son las favoritas de usted?

Raúl Saucedo es de la Ciudad de México, pero estudia ingeniería° en la Universidad de Texas en San Antonio. Raúl tiene diecinueve años; es delgado y tiene el pelo lacio.

    Raúl conoce° a varios de los estudiantes de español de la profesora Martínez. A veces° conversa con ellos en inglés y a veces en español, porque los estudiantes necesitan practicar.

    A Raúl le gustan mucho los deportes, especialmente el fútbol. Los sábados en la mañana le gusta jugar al fútbol con sus amigos hispanos. Además° a Raúl le gusta levantar pesas° y nadar en la piscina de la universidad.

    Los sábados por la noche, generalmente, a Raúl le gusta ir al cine con sus amigos norteamericanos o ir a bailar en las discotecas. Los domingos por la noche prefiere salir a pasear° y charlar° con los amigos.

engineering

knows
A... Sometimes

Besides
levantar... to lift weights

to go for a walk /
conversar

COMPRENSIÓN

¿Cierto o falso?

1. _____ Raúl es norteamericano.

2. _____ Raúl es estudiante en la Universidad de México.

3. _____ Raúl es viejo y bajo.

4. _____ Raúl no es muy activo.

5. _____ A Raúl le gusta hacer ejercicio.

6. _____ Los domingos le gusta ir al cine.

AHORA... ¡USTED!

¿Cuáles de las actividades de Raúl le gusta hacer a usted?

	SÍ ME GUSTA...	NO ME GUSTA...
conversar en español	_____	_____
jugar al fútbol	_____	_____

levantar pesas	_____	_____
nadar en la piscina	_____	_____
ir al cine	_____	_____
bailar en una discoteca	_____	_____
conversar con sus amigos	_____	_____

UN PASO MÁS...

¿Cómo es la rutina de su compañero/a? ¡Hágale una entrevista! Para empezar, puede usar las siguientes preguntas: 1. ¿Cómo es tu rutina de los fines de semana? 2. ¿Qué te gusta hacer los viernes por la noche? ¿Y los sábados? ¿Y los domingos?

Nota cultural
Los saludos y las despedidas

¿Cómo saluda usted a sus amigos en inglés? ¿Y a los adultos y a los niños? ¿Qué hace usted cuando saluda o se despide de alguien?

Los saludos y las despedidas son parte importante de todas las culturas. En la sociedad hispana, cuando una persona entra en un lugar donde hay otras personas, es costumbre° saludar a todos° con «Buenos días», «Hola, ¿qué tal?» y, si es posible, darle la mano° a cada° persona.

    Cuando una persona se despide, también es costumbre darles la mano a todos otra vez y decir, por ejemplo, «Adiós», «Nos vemos», «Gusto de verte»° o «Hasta mañana».

    Para saludar a los amigos, las personas usan saludos informales como «Hola», «¿Cómo estás?» y «¿Qué tal?» Algunos saludos más formales son «¿Cómo está usted?», «¿Cómo le va?» y «¿Cómo está la familia?»

    Los saludos y las despedidas pueden durar° mucho tiempo, pero valen la pena.° Muchos hispanos opinan que las relaciones humanas son más importantes que el tiempo.

es... it is customary / everybody
darle... to shake hands / each
Gusto... Good to see you

pueden... can last / valen... are worth the trouble

COMPRENSIÓN

Aquí tiene algunos saludos y despedidas. ¿Cuáles son formales (F) y cuáles informales (I)?

1. _____ Hola.
2. _____ ¿Cómo estás?
3. _____ ¿Cómo está su familia?
4. _____ ¿Qué tal?
5. _____ ¿Qué me cuentas?

6. _____ ¿Cómo le va?
7. _____ Gusto de verte.
8. _____ ¿Qué hay de nuevo?
9. _____ ¿Cómo está usted?
10. _____ ¿Qué pasa?

AHORA... ¡USTED!

1. ¿Cómo saluda usted a sus amigos? ¿a sus parientes? ¿Y a las personas que no conoce (*know*) muy bien?

    _____

    _____

2. ¿Piensa usted que hay diferencias entre la manera de saludar y despedirse de los hispanos y la de los norteamericanos? ¿Por qué hay estas diferencias?

    _____

    _____

UN PASO MÁS...

Con su compañero/a, practique los saludos en diálogos breves. Usted va a saludar a las siguientes personas: su profesor(a), un amigo, una amiga de su mamá, su hermano/a, un compañero de la clase, su primo/a, su abuelo/a.

Capítulo 1

ACTIVIDADES DE COMPRENSIÓN

See p. xiii of the Preface for **Actividades de comprensión**.

A. Radio KXET: Hotel Miramar

VOCABULARIO NUEVO

el lugar	*place*
la cancha de tenis	*tennis court*
la alberca	*swimming pool (Mex.)*
disfrutar/disfruten	*to enjoy/(command) enjoy*
el plato	*dish (food)*
venir/vengan	*to come/(command) come*

Hotel Miramar
Promotora Hotelera Misión, S.A.
Hamburgo 227
Colonia Juárez
México, D.F. 06600

Ahora en KXET vamos a escuchar un anuncio comercial[1] del Hotel Miramar de la ciudad de Cancún, en México.

¿Sí o no? ¿Son posibles estas actividades en el Hotel Miramar?

1. _____ pasar las vacaciones

2. _____ jugar al fútbol

3. _____ cocinar

4. _____ patinar en el hielo

5. _____ bañarse en una alberca

6. _____ bañarse en el mar Caribe

7. _____ esquiar en la nieve

8. _____ navegar

---

[1] anuncio... *ad, commercial*

B. ¡Qué día más ocupado!

VOCABULARIO NUEVO

gustar/me gustaría	*to like/I would like*
depositar	*to deposit*
el cheque	*check*
la lavandería	*laundromat*
recoger	*to pick up*
comprar	*to buy*
ocupado/a	*busy*
el supermercado	*supermarket*
la cena	*dinner*

Silvia Bustamante está en el centro y habla con su novio Carlos.

Combine las dos columnas y forme oraciones lógicas y correctas según lo que dicen Carlos y Silvia.

1. _____ Carlos quiere...

2. _____ En el banco Silvia va a...

3. _____ En la lavandería Silvia va a...

4. _____ En la tienda de ropa Silvia va a...

5. _____ En el supermercado Silvia va a...

a. depositar un cheque.
b. comprar una camisa para su hermano.
c. comprar algo para la cena.
d. recoger la chaqueta de su padre.
e. almorzar en un restaurante chino.

C. ¿Una clase perfecta?

VOCABULARIO NUEVO

contento/a	*happy*
fabuloso/a	*fabulous*
bromear/¿Estás bromeando?	*to joke/Are you joking?*
Por supuesto que no.	*Of course not.*
la traducción	*translation*
aprender/aprendo	*to learn/I learn*
la palabra	*word*
¡De verdad!	*Really!*
visitar/nos visitas	*to visit/ you visit us*

Mónica Clark habla con Raúl Saucedo en el estacionamiento[1] de la universidad.

¿Cierto (C) o *falso* (F)?

1. _____ A Mónica le gusta su clase de español.

2. _____ Raúl dice que las clases de lenguas son aburridas.

---
[1] *parking (lot)*

3. _____ En la clase de español de Mónica los estudiantes hacen muchos ejercicios y traducciones todos los días.

4. _____ Raúl dice que va a visitar la clase de la profesora Martínez.

D. Los horarios de clases

VOCABULARIO NUEVO

solamente	*only*
afortunadamente	*fortunately*
¡Qué bien!	*How nice!*
estar libre	*to be free (have free time)*

Mónica y Pablo hablan de sus horarios de clase en la universidad.

❖ ❖ ❖

Complete los horarios.

El horario de Mónica

HORA	LUNES	MARTES	MIÉRCOLES	JUEVES	VIERNES
9:00			química		química
10:00					
11:00					
12:00	literatura inglesa				literatura inglesa
1:00		↓		↓	
2:00					
3:00					
4:00		↑		↑	

El horario de Pablo

HORA	LUNES	MARTES	MIÉRCOLES	JUEVES	VIERNES
8:00					
9:00					
10:00					
11:00					
12:00	matemáticas	↓	matemáticas	↓	matemáticas
1:00				historia	
2:00		↓	español	↓	
3:00					
4:00					

E. ¡Vamos al cine!

VOCABULARIO NUEVO

servir/sirven	*to serve/they serve*
el café expreso	*expresso coffee*
delicioso/a	*delicious*
esta tarde	*this afternoon*

Nora habla con Raúl Saucedo después de la clase de español.

¿Quién dice esto, Nora (N) o Raúl (R)?

1. _____ No tengo clase a las diez.

2. _____ No me gusta la cafetería.

3. _____ Sirven un café expreso delicioso.

4. _____ Voy a lavar mi ropa.

5. _____ Después voy a ir al cine.

6. _____ Estudias ingeniería mañana.

F. El pronóstico del tiempo

VOCABULARIO NUEVO

el pronóstico	*forecast*
el/la viajero/a	*traveler*
estimado/a	*dear*
el consejo	*advice*
hermoso/a	*beautiful*
recordar/recuerde	*to remember/remember*

Ahora vamos a escuchar el pronóstico del tiempo para los viajeros internacionales.

Usted va a viajar a una de estas ciudades hoy. ¿Qué ropa va a llevar?

abrigo, traje de baño, paraguas,[1] *traje de verano*

1. Londres _____

2. Buenos Aires _____

3. Santo Domingo _____

4. Nueva York _____

5. Alaska _____

---

[1] *umbrella*

EJERCICIOS DE PRONUNCIACIÓN

Stressing the Correct Syllable

Most words in Spanish are not written with an accent mark. When you read words aloud, it is easy to know which syllable is stressed. There are three rules:

If the word ends in a <u>vowel</u> (*a, e, i, o, u*) or the <u>consonants</u> *n* or *s*, pronounce the word with the stress on the next-to-the-last syllable. For example: <u>*ca*</u>-*sa*, *ba*-<u>*ño*</u>, <u>*a*</u>-*ños*, <u>*pe*</u>-*so*, *e*-<u>*ne*</u>-*ro*, <u>*can*</u>-*ten*, *de-par-ta-*<u>*men*</u>-*to*, <u>*ba*</u>-*jen*, *ca*-<u>*mi*</u>-*nen*.

If the word ends in a <u>consonant</u> (except for *n* or *s*), pronounce the word with the stress on the last syllable. For example: *lu*-<u>*gar*</u>, *ter-mi*-<u>*nal*</u>, *es-pa*-<u>*ñol*</u>, *ver*-<u>*dad*</u>, *na*-<u>*riz*</u>, *me*-<u>*jor*</u>, *fa*-<u>*vor*</u>.

Regardless of what letter a word ends with, if there is a written accent mark, you must stress the syllable where the accent appears. For example: *es*-<u>*tó*</u>-*ma-go*, <u>*sué*</u>-*ter*, <u>*lá*</u>-*piz*, <u>*ár*</u>-*bol*, *au-to*-<u>*mó*</u>-*vil*, *ja-po*-<u>*nés*</u>, *per*-<u>*dón*</u>, *a*-<u>*quí*</u>.

A. Look at the following words and pronounce them with the stress on the next-to-the-last syllable. Note that they all end in a <u>vowel</u>, *n*, or *s*. Say the word first and then listen to the tape for confirmation.

1.	barba	6.	cabeza
2.	piernas	7.	pongan
3.	italiano	8.	castaños
4.	morado	9.	Argentina
5.	nombre	10.	hablen

B. These words end in a <u>consonant</u> (other than *n* or *s*) and are therefore stressed on the last syllable.

1.	verdad	6.	señor
2.	azul	7.	hospital
3.	borrador	8.	reloj
4.	pared	9.	profesor
5.	regular	10.	mejor

C. These words are written with an accent mark. Stress the syllable with the written accent.

1.	francés	6.	suéter
2.	fácil	7.	difícil
3.	café	8.	alemán
4.	teléfono	9.	sábado
5.	está	10.	inglés

EJERCICIOS DE ORTOGRAFÍA

Word Stress

If a word of three syllables or more is stressed on any syllable other than the last or next to last, it must be written with an accent mark.

Listen and write the following words with accents on the third from last syllable. For example: *música*, *página*, *miércoles*.

1. _____
2. _____
3. _____
4. _____
5. _____
6. _____
7. _____
8. _____

9. _____
10. _____
11. _____
12. _____
13. _____
14. _____
15. _____

ACTIVIDADES ESCRITAS

I. Los planes

Lea *Gramática 1.1.*

¿Qué van a hacer estas personas esta noche?

MODELO: Esta noche (nosotros) vamos a ver la televisión.

yo, mi hijo/a, una amiga/un amigo, mis padres, mi hermana y yo, mi novio/a o mi esposo/a

1. _____
2. _____
3. _____
4. _____
5. _____
6. _____

II. Las clases

Lea *Gramática 1.2.*

A. ¿Qué clases tiene usted? Escriba la hora y la clase.

HORA	LUNES	MARTES	MIÉRCOLES	JUEVES	VIERNES
____	_____	_____	_____	_____	_____
____	_____	_____	_____	_____	_____
____	_____	_____	_____	_____	_____
____	_____	_____	_____	_____	_____

B. Complete las oraciones con información acerca de[1] sus clases.

1. Mi primera clase los lunes es _____.

2. Mi tercera clase los miércoles es _____.

3. Mi segunda clase los jueves es _____.

4. Mi quinta clase los _____ es _____.

5. Mi _____ los _____ es español.

---

[1] acerca... *about*

III. Las preferencias y los deseos

Lea *Gramática 1.3.*

A. Complete lógicamente. Use una forma de *querer* (*quiero, quiere, queremos, quieren*) y un infinitivo.

> MODELO: Mis amigos y yo *queremos bailar* en una discoteca este sábado.

1. Hoy _____ _____ al tenis con mi hermana.

2. Mañana mis padres _____ _____ en un buen restaurante.

3. Yo _____ _____ el periódico.

4. Nora _____ _____ en la nieve en diciembre.

5. Mis amigas _____ _____ ejercicio todas las mañanas.

6. El estudiante _____ _____ la tarea rápidamente.

7. Mis hermanas y yo _____ _____ un taco.

8. Carmen y Luis _____ _____ música.

B. Diga las preferencias de usted o de otra persona.

> MODELO: ¿Prefiere usted bailar o jugar al béisbol? → *Prefiero bailar.*

1. ¿Prefiere usted jugar al tenis o al ráquetbol?

   _____

2. ¿Prefiere usted cocinar o ir a un restaurante?

   _____

3. ¿Prefiere usted andar en bicicleta o en motocicleta?

   _____

4. ¿Prefiere usted bucear o nadar?

   _____

5. ¿Prefiere usted trabajar en el jardín o limpiar la casa?

   _____

6. ¿Qué prefieren sus padres, ver la televisión o ir al cine?

   _____

7. ¿Qué prefiere su hijo/a, patinar o jugar al fútbol?

   _____

8. ¿Qué prefiere su hermano/a, esquiar o jugar al vólibol?

   _____

C. El tiempo libre y el trabajo. ¿Cuáles considera usted actividades del tiempo libre y cuáles considera obligaciones? Haga dos listas.

Actividades: llamar a sus padres/sus abuelos por teléfono, leer una novela, cocinar, estudiar español, jugar a las cartas, salir a caminar con el perro, nadar, tomar un examen, salir a bailar, limpiar la casa, trabajar, ir de compras, escribirle una carta a un amigo, tomar el sol, jugar al básquetbol, reparar el carro, escuchar música, lavar el carro, ver la televisión, manejar.

TIEMPO LIBRE	OBLIGACIÓN
_____	_____
_____	_____
_____	_____
_____	_____
_____	_____
_____	_____
_____	_____
_____	_____
_____	_____

D. Lea los planes y preferencias de la profesora Martínez y luego escriba sobre los planes, deseos y preferencias de usted.

MODELO:

Me gustan mucho los meses de invierno. En el invierno me gusta escuchar música y leer, pero prefiero ir a las montañas a esquiar. En el verano siempre voy a Guanajuato. ¡Es una ciudad muy bonita!

Este verano voy a viajar a México. Primero voy a ir a Guanajuato a visitar a mis parientes. Un fin de semana voy a acampar en las montañas con toda la familia. Después voy a ir a Puerto Vallarta por una semana porque me gusta mucho la playa. Quiero esquiar en el agua. Luego voy a ir a la ciudad de México. Voy a visitar muchos museos y voy a cenar en mis restaurantes favoritos. También quiero pasear en el parque de Chapultepec[1] y visitar los jardines flotantes[2] de Xochimilco. ¿Y usted?

_____

_____

_____

_____

_____

_____

_____

[1] parque grande en el centro de México, D. F.
[2] jardines... *floating gardens*

_____
_____
_____
_____
_____
_____
_____

IV. El tiempo

Lea _Gramática 1.4._

A. Hoy es el primero de enero. Diga qué tiempo hace en estos lugares en enero.

> MODELO: Los Ángeles → Hace sol y hace fresco.

hace frío, hace calor, hace sol, hace fresco, hace viento, llueve, nieva, hace buen tiempo, hace mal tiempo

1. Nueva York _____

2. México, D. F. _____

3. Buenos Aires, Argentina _____

4. Panamá, Panamá _____

5. Moscú, Rusia _____

B. ¿Qué actividades asocia usted con el tiempo?

> MODELO: ¿Qué prefiere usted hacer cuando _hace mal tiempo?_ →
> _Cuando hace mal tiempo, prefiero leer en casa._

hace frío, llueve, hace mucho calor, nieva, hace sol, hace buen tiempo, hace mucho viento

1. ¿Qué prefiere usted hacer cuando _____?

_____

2. ¿Qué prefiere usted hacer cuando _____?

_____

3. ¿Qué prefiere usted hacer cuando _____?

_____

4. ¿Qué prefiere usted hacer cuando _____?

_____

5. ¿Qué prefiere usted hacer cuando _____?

_____

Diálogos y dibujos

Complete estas conversaciones con la frase adecuada según la situación. Use todas las frases.

¡Qué buena idea!   *¡Estás bromeando!*   *¿Por qué?*   *Nos vemos.*

1.

2.

3.

LECTURAS ADICIONALES

Los vecinos: Ernestito

¿Recuerda usted la escuela de su infancia? ¿Tiene hijos o hermanos que están en la escuela primaria? ¿Qué dicen ellos de su maestro/a? ¿De su salón de clase? ¿Les gusta? Aquí tenemos la descripción que hace un niño mexicano de su escuela.

¡Buenos días, amigos! Me llamo Ernestito Ramírez y tengo ocho años.° Soy estudiante en una escuela primaria, el colegio Benito Juárez,[1] en la Ciudad de México.

    tengo... *I'm eight years old*

    Me gusta mucho mi escuela, ¡de verdad! Es una escuelita[2] vieja pero bonita. Los salones de clase son muy grandes, con muchas ventanas. El escritorio de la maestra es enorme y está enfrente de la clase. En las paredes hay dibujos y fotos que son parte de nuestras lecciones.

    En el salón también hay dos pizarras, una negra y una verde. Y en un rincón° está la bandera° de México con los colores nacionales: verde, blanco y rojo. Afuera° hay un patio grande con unos árboles gigantes. Me gusta mucho salir a la hora del recreo° y correr o jugar al fútbol con mis amigos.

    Me gusta mucho mi escuela. ¡De verdad!

corner
flag
Outside
recess

COMPRENSIÓN

¿Cierto (C) o *falso* (F)?

Ernestito dice que...

1. _____ su escuela está en la Ciudad de México.

2. _____ los salones de clase son pequeños.

3. _____ el escritorio de la maestra está enfrente de la clase.

4. _____ los colores de la bandera mexicana son verde, blanco y azul.

5. _____ a la hora del recreo le gusta jugar con sus amiguitos.[2]

AHORA... ¡USTED!

1. ¿Piensa usted que los niños generalmente reciben una buena educación en la escuela primaria? ¿Y

   los jóvenes en la secundaria? _____

   _____

---

[1] presidente de México de 1806 a 1872
[2] *-ito/a* added at the end of a word denotes "little"

2. ¿Le gusta a usted la universidad donde estudia? ¿Por qué (no)? _____

_____

UN PASO MÁS

Imagine que usted es niño/a y está en su escuela otra vez. ¿Cómo es el salón de clase? ¡Descríbalo! ¿Le gusta el lugar?

_____

_____

Nota cultural
Los nombres hispanos

¡Feliz día de tu santo!

¿Hay otro pariente en su familia que se llama igual que usted? ¿Sabe por qué tiene usted este nombre? Probablemente hay una razón especial... ¿Cuál es?

Al nacer,° los hispanos reciben generalmente dos nombres. María Teresa, Jorge Luis y Mari Carmen son algunas° de las combinaciones más comunes. El nombre completo de la profesora Martínez, por ejemplo, es Adela Elisa Martínez Briceño. Adela es el nombre de su abuela materna; Elisa, el de su abuela paterna. Martínez es el apellido de su padre y Briceño, el apellido de soltera° de su madre.

En el mundo hispano es costumbre° usar también el apellido de la madre. Muchos nombres tienen una forma familiar y cariñosa:° el sobrenombre.° Elena es Nena, Jorge es Yoyi y Alberto es Beto.

A los hispanos les gusta honrar° a sus parientes. Dar a un niño el nombre de un antepasado,° de un tío o de un abuelo es una manera de recordar a esa persona. En algunos casos° el primer nombre es el nombre de un santo.° Por ejemplo, un niño nace el día cinco de septiembre y sus padres le dan el nombre de Tomás. El niño celebra entonces su cumpleaños en septiembre y además celebra el día de su santo, en este caso el siete de marzo, día de Santo Tomás de Aquino.

Al... At birth
some

apellido... maiden name
custom
endearing / nickname

to honor
ancestor
En... In some cases / saint

COMPRENSIÓN

Diga si las siguientes oraciones son ciertas o falsas. Y si son falsas, haga la corrección necesaria.

MODELO: Los hispanos generalmente reciben un solo nombre. →
Es falso. Los hispanos generalmente reciben dos nombres.

1. Los hispanos llevan sólo el apellido del padre.

_____

2. Muchos hispanos reciben el nombre de un santo.

_____

3. El sobrenombre es la forma familiar de un nombre.

_____

4. A los hispanos les gusta recordar a sus parientes.

_____

5. Normalmente, los hispanos no celebran el día de su santo.

_____

AHORA... ¡USTED!

1. ¿Tiene usted dos nombres? ¿Los usa? ¿Por qué (no)? ¿Tiene un sobrenombre o un nombre cariñoso que sólo sus amigos saben? ¿Le gusta? _____

_____

2. ¿Cuáles son sus dos apellidos (paterno y materno)? ¿Le gustaría usar los dos? ¿Por qué (no)?

_____

_____

3. ¿Cuándo es su cumpleaños? ¿Es el día de un santo? ¿Cuál? _____

_____

UN PASO MÁS...

¿Cuáles son nombres? ¿Cuál es el apellido del padre? ¿Y el de la madre?

1. María Luisa García Fernández _____

2. José Ignacio Martínez Gutiérrez _____

3. Irma Angélica Hernández Ochoa _____

4. Carlos Rafael Álvarez Carrasco _____

Capítulo **2**

ACTIVIDADES DE COMPRENSIÓN

A. Silvia en la terminal de autobuses[1]

VOCABULARIO NUEVO

próximo/a	*next*
Para servirle.	*At your service.*
la salida	*departure*
cada hora	*each (every) hour*
No hay de qué.	*You're welcome.*

Los fines de semana Silvia Bustamante trabaja en una terminal de autobuses. Ahora Silvia está hablando con unos clientes.[2]

Escriba la hora de salida de los autobuses en los espacios en blanco.

HORA DE SALIDA

Durango _____

·Puebla _____

Monterrey 1° _____ 2° _____

Tampico 1° _____ 2° _____ 3° _____

Guadalajara _____

B. Clara Martin en la universidad

VOCABULARIO NUEVO

oír/¡Oye!	*to hear/Hey!, Listen!*
acompañar/te acompaño	*to accompany/I (will) go with you*

---

[1]terminal... *bus station*
[2]*clients, customers*

hasta	*until*
Acepto la invitación.	*I accept the invitation.*

Clara Martin, una norteamericana, es una estudiante nueva en la Universidad Estatal del Oriente y no sabe dónde están los edificios. José Estrada, un estudiante madrileño,[1] la ayuda.[2]

❖ ❖ ❖

¿De qué lugares hablan Clara y José? Escriba los nombres de los lugares del mapa.

1. _____

2. _____

3. _____

4. _____

LA·UNIVERSIDAD·ESTATAL·DEL·ORIENTE

el estacionamiento

CALLE SEXTA (6ta.)

la Facultad de Ciencias Sociales

la parada del autobús

la Facultad de Bellas Artes

la Facultad de Filosofía y Letras

el teatro

AVENIDA DE LAS GARZAS

la Facultad de Ciencias Naturales

la librería

AVENIDA DEL ORIENTE

2.

1.

la biblioteca

los salones de clase

CALLE QUINTA (5ta.)

AVENIDA DE LAS ROSAS

la rectoría

la Facultad de Medicina

la parada del autobús

el hospital

CALLE CUARTA (4ta.)

el gimnasio

4.

3.

C. Marta en Puerto Rico

VOCABULARIO NUEVO

la arquitectura colonial	*colonial architecture*
el ambiente de provincia	*small-town atmosphere*
el clima	*weather*
estudiar/estudié	*to study/I studied*

---

[1] de Madrid
[2] la... (*he*) helps her

el consulado	consulate
Isla Verde	beach in San Juan, Puerto Rico
el mar Caribe	Caribbean Sea
maravilloso/a	marvelous
tibio/a	warm
hacer/hacemos barbacoas	to make/we barbecue
extrañar/extraño	to miss/I miss

Marta Muñoz, de Durango, México, vive ahora en Puerto Rico.

❖ ❖ ❖

Escuche a Marta, luego indique a qué o a quién se refieren estas descripciones, a Durango (D), a Puerto Rico (PR), a Marta (M) o a Marta y sus amigos (M y A).

1. _____ Tiene más de cuatrocientos años.

2. _____ Tiene arquitectura colonial y ambiente de provincia.

3. _____ Tiene muy buen clima.

4. _____ Corre por la playa en la mañana.

5. _____ El agua está tibia todo el año.

6. _____ Juegan al voleibol y hacen barbacoas en la playa.

7. _____ Extraña a su familia, pero tiene muchos amigos nuevos.

D. Las horas de consulta[1]

VOCABULARIO NUEVO

entender/no entendí	to understand/I didn't understand
No hay de qué.	You're welcome.
venir/viene	to come/he/she comes
pasar por	to go (stop) by
Hasta pronto.	See you soon.
ninguno	none, no one

¿Está el profesor Óscar Sánchez Román?

Carla Espinosa, una estudiante de la Universidad de Puerto Rico en Río Piedras,[2] quiere hablar con todos sus profesores sobre los exámenes finales pero ninguno está ahora en su oficina. Carla habla con las secretarias.

❖ ❖ ❖

Escriba los días y las horas de consulta de los profesores.

	DÍA(S)	HORA(S)
1. Profesor Óscar Sánchez Román	_____	_____

[1] Las... office hours
[2] suburb of San Juan, Puerto Rico

	DÍA(S)	HORA(S)
2. Doctora Ceballos	_____	_____
	_____	_____
3. Profesor Rico	_____	_____
4. Profesora Chávez	_____	_____

E. Una fiesta en Madrid

VOCABULARIO NUEVO

le presenta	*she introduces her to*
conoce	*meets*
la capital	*capital (of a country)*
presentar/te presento	*to introduce/(may) I introduce to you*
encantado/a	*very pleased to meet you*
Un placer.	*It's a pleasure.*
conocer/ya nos conocemos	*to know/we already know each other*
¡Qué bien!	*How nice!*
por fin	*finally*
las Naciones Unidas	*United Nations*

Lugares mencionados

Managua, Nicaragua
San Antonio, Texas
Madrid, España
Valparaíso, Chile
La Habana, Cuba

Clara Martin, una estudiante norteamericana, está en una fiesta en Madrid donde su amiga madrileña, Pilar Álvarez, le presenta a otros estudiantes.

Escriba de dónde son los estudiantes que Clara conoce en la fiesta.

	CIUDAD	PAÍS
1. David Fuentes	_____	_____
2. José Estrada	_____	_____
3. María Luisa Ruiz	_____	_____
4. Marisol Reyes	_____	_____

F. Los problemas de Gustavo

VOCABULARIO NUEVO

dejar/dejé	*to leave/I left*
Lo siento.	*I'm sorry.*

al lado izquierdo	*on the left side*
¿Qué pasa?	*What's going on?*
nada	*nothing*
amable	*nice*

Gustavo Rivero y su amigo Roberto Herrero son estudiantes de tercer año de secundaria[1] en el colegio El Sagrado Corazón.[2] Hoy están en la clase de historia. Los estudiantes están leyendo, pero Gustavo está mirando por la ventana.

Escuche el episodio y llene los espacios en blanco.

1. Gustavo no está leyendo, él _____ _____ por la ventana.

2. El libro de Gustavo está _____ del pupitre.

3. Los otros estudiantes _____ _____ la página 150.

4. Gustavo dice que sus lentes están en _____.

5. Roberto dice que los _____ de Gustavo están al lado izquierdo de su _____.

G. ¿Dónde están todos?

VOCABULARIO NUEVO

nadie contesta	*no one answers*
bastante	*quite, very*
los miembros	*members*
el grupo	*group*
el escenario	*scenery, set*
el equipo de video	*video equipment*
traer	*to bring*

Esteban quiere ir al cine. Llama por teléfono a varios amigos de su clase de español pero nadie contesta. ¡Nadie está en casa! Finalmente llama a Carmen.

Combine las frases de cada una de las tres columnas para formar oraciones según el diálogo.

PERSONA(S)	¿DÓNDE ESTÁ(N)?	¿QUÉ ESTÁ(N) HACIENDO/VA(N) A HACER?*
Carmen	en su casa	está preparando el equipo de video
Mónica	en el jardín	van a hacer un video
Alberto	en casa de Carmen	están leyendo
Luis/Nora	en el garaje	va a traer una pizza
Todos	afuera	está pintando algo para el escenario
Esteban	en su casa	está escribiendo

_____

[1] tercer... *third year of secondary school (9th grade in the United States)*
[2] colegio... *Sacred Heart (private) school*

1. _____
2. _____
3. _____
4. _____
5. _____
6. _____

ESCUCHE Y LEA LA FÁBULA

¡Qué buena idea! Pero... ¿quién le pone el cascabel° al gato?   *bell*

Un día unos ratones,° cansados del gato, se juntan° a discutir° sus planes para escaparse cada vez que su enemigo,° el gato, se acerque.° Discuten muchos planes, pero no toman una decisión. Al caer la noche° un ratoncillo joven dice:

    —Yo tengo un plan simple, pero que va a dar buen resultado. Lo único° que tenemos que hacer es atar un cascabel° al cuello del gato. El tintineo° nos va a avisar° que el gato se acerca.

    Todos los ratones están sorprendidos y se preguntan por qué no lo pensaron ellos antes.° Todos están celebrando la idea cuando un ratón viejo se pone de pie y dice:

    —Yo digo que el plan es muy bueno, pero pregunto: ¿Quién le va a poner° el cascabel al gato?

MORALEJA:° Una cosa es decir «yo lo voy a hacer» y otra muy distinta es hacerlo.

mice / se... get together / to discuss
enemy / se... comes close
Al... When night falls
Lo... The only thing
atar... to tie a bell / ringing
warn

por... why they didn't think of it before

atar

moral

EJERCICIOS DE PRONUNCIACIÓN

I. Pronunciación: The Silent *h*

The letter *h* is never pronounced in Spanish.

A. Listen and then pronounce the following words that are written with the letter *h*.

    <u>h</u>able, <u>h</u>ombros, <u>h</u>ombre, <u>h</u>ola, <u>h</u>asta luego, <u>h</u>ermano, <u>h</u>ijo, <u>h</u>ispano, <u>h</u>ace, a<u>h</u>ora

B. Listen and then pronounce the following sentences. Be sure not to pronounce the letter *h*.

1. ¿Qué hora es?
2. Los hombros del hombre son muy grandes.
3. Tengo tres hermanos; no tengo hijos.
4. —Hablo con usted mañana.
   —Hasta luego.
5. Hace mal tiempo ahora.

II. Pronunciación: *b, v*

The letters *b* and *v* are pronounced exactly the same in Spanish. Usually the lips are close together, but they are not completely closed. There is no equivalent sound in English, because English *b* is pronounced with the lips completely closed and English *v* is pronounced with the upper teeth on the lower lip.

A. Listen and then pronounce the following words, concentrating on producing an identical soft *b* sound for both *b* and *v*.

abuela, novio, favorito, avenida, debajo, febrero, cabeza, nuevo, lleva, corbata, automóvil

When preceded by the letters *m* or *n*, both *b* and *v* are pronounced hard as the English letter *b*, as in <u>boy</u>.

B. Listen and then pronounce the following words. Concentrate on producing a hard *b* sound for both *b* and *v*.

invierno, hombros, hombre, sombrero

C. Concentrate on the correct pronunciation of the letters *b* and *v* as you listen and then pronounce the following sentences.

1. El hombre lleva sombrero.
2. No hablen; escriban en sus cuadernos.
3. Yo nací en febrero y mi novio nació en noviembre.
4. Mi abuelo lleva corbata.
5. El automóvil nuevo está en la novena avenida.
6. Mi clase favorita es biología.
7. En el invierno llevo abrigo.
8. El libro está debajo del pupitre.
9. La primavera es mi estación favorita.
10. La estudiante nueva no habla bien el español.

EJERCICIOS DE ORTOGRAFÍA

I. The Silent *h*

The letter *h* is silent in Spanish. If a word is spelled with an *h*, however, you must remember to write it, even though you do not hear it.

Listen and write the following words and phrases.

1. _____   4. _____

2. _____   5. _____

3. _____   6. _____

7. _____   9. _____

8. _____   10. _____

II. Writing *b* and *v*

The spelling of words written with a *b* or a *v* must be memorized, since there is no difference in pronunciation.

Listen and write the words you hear, using *b* or *v*.

1. _____   6. _____

2. _____   7. _____

3. _____   8. _____

4. _____   9. _____

5. _____   10. _____

III. Word Stress

If a word ends in a *consonant* (except *n* or *s*), it is normally stressed on the last syllable. For example: *hospital, universidad.* If the word ends in a consonant and is not stressed on the last syllable, an accent mark must be written on the stressed syllable.

Listen and write the words you hear. All must be written with an accent mark.

1. _____   4. _____

2. _____   5. _____

3. _____

ACTIVIDADES ESCRITAS

I. ¿Dónde está?

Lea *Gramática 2.1.*

A. ¿Dónde están estas personas ahora?

> MODELO: ¿Dónde está su padre? → *Mi padre está en su oficina.*

1. ¿Dónde está usted?

_____

2. ¿Dónde está su madre/su padre?

_____

3. ¿Dónde están sus hermanos/sus hijos?

_____

4. ¿Dónde está su amigo/a o esposo/a?

_____

B. ¿Dónde están estos edificios en la universidad donde usted estudia? Use *enfrente de, detrás de, al lado de...*

1. ¿Dónde está la biblioteca?

_____

2. ¿Dónde está el gimnasio?

_____

3. ¿Dónde está la cafetería?

_____

II. Las actividades diarias

Lea *Gramática 2.2–2.3.*

A. Escriba las actividades de un día típico en su vida.

> MODELO: ¿A las cinco de la tarde? → *Estudio en la biblioteca.*

1. ¿A las seis de la mañana? _____

2. ¿A las nueve de la mañana? _____

3. ¿Al mediodía? _____

4. ¿A las tres y media de la tarde? _____

5. ¿A las seis y cuarto de la tarde? _____

6. ¿A las ocho y media de la noche? _____

7. ¿A medianoche? _____

B. Suponga que usted va a compartir una habitación en la residencia estudiantil con otro estudiante. Usted quiere saber si van a tener conflictos o no. Escriba cinco (o más) preguntas sobre las actividades diarias o hábitos. Use verbos como: *almorzar, bailar, comer, charlar, dar fiestas, desayunar, divertirse, dormir, escuchar, fumar, hablar, hacer ejercicio, invitar, jugar, lavar, limpiar, leer, levantar pesas, llegar, recibir, recoger, regresar, salir, tocar (el piano, etcétera), trabajar, usar, ver televisión.*

MODELO: ¿Fumas? ¿Fumas mucho o poco? ¿Te gusta fumar afuera o adentro?

1. _____

_____

2. _____

_____

3. _____

_____

4. _____

_____

5. _____

_____

_____

_____

_____

C. Las actividades de los sábados. Lea el párrafo sobre la rutina de Raúl.

Soy estudiante de primer año en la universidad de Texas en San Antonio y vivo en una residencia estudiantil de la universidad. Todos los días me levanto muy temprano y asisto a mis clases. Los sábados mi rutina es diferente. Los sábados me levanto un poco más tarde. Me ducho rápido porque a las nueve y media desayuno en un restaurante con varios amigos. Después regreso a la residencia y estudio varias horas. A la una almuerzo en la cafetería de la residencia, luego camino o corro o nado por una hora. Después me ducho y descanso. A las seis de la tarde ya estoy listo para ir al cine, o al teatro, o a bailar, o...

Ahora escriba un párrafo sobre su propia rutina de los sábados.

_____

_____

_____

_____

_____

_____

_____

_____

_____

_____

_____

_____

III. El origen

Lea *Gramática 2.4.*

¿Conoce usted a algunas personas de otros países? Escriba sobre dos de ellas. Incluya esta información básica, por lo menos: ¿Cómo se llama la persona? ¿Cuántos años tiene? ¿De dónde es? (ciudad, país) ¿Dónde vive él/ella ahora? ¿Dónde vive su familia? ¿Qué estudia esta persona? ¿Es casado/a o soltero/a? ¿Tiene hijos? ¿Qué le gusta hacer?

MODELO:

Se llama María Elena Pizano. Es boliviana, de La Paz, pero ahora es ciudadana norteamericana. Tiene veinte años. Ella y sus padres viven en San Francisco. Sus hermanos viven en Bolivia. Es soltera y no tiene hijos. No estudia; trabaja en un almacén. Le gusta jugar al tenis con sus amigos y salir a bailar con su novio Richard.

_____

_____

_____

_____

_____

_____

_____

_____

_____

_____

_____

IV. Actividades en progreso

Lea *Gramática 2.5.*

A. Piense en cinco de sus compañeros de clase. ¿Qué están haciendo?

MODELO: Son las 9:00 de la mañana. → *Randy está estudiando en la biblioteca.*

1. Son las 6:30 de la mañana.

   _____ está _____

2. Son las 2:30 de la mañana.

   _____ está _____

3. Son las 12:00. (Es mediodía.)

   _____ está _____

4. Son las 7:00 de la noche.

   _____ está _____

5. Son las 10:30 de la noche.

   _____ está _____

B. ¿Qué están haciendo estas personas?

   MODELO: Son las 3:30 de la tarde. Su primo... → *Mi primo está leyendo el periódico.*

   1. Son las 6:30 de la mañana. Su papá...

      _____

   2. Son las 8:00 de la mañana. Su mejor amigo/a...

      _____

   3. Son las 5:00 de la tarde. Su hermano/a...

      _____

   4. Son las 11:00 de la noche. Sus compañeros de clase...

      _____

   5. Son las 7:30 de la noche. Su abuelo/a...

      _____

Diálogos y dibujos

Use algunas de estas palabras o frases para completar correctamente lo que dicen las personas que aparecen en cada situación.

Encantado/a	*No hay de qué.*	*lo siento*
¿Qué pasa?	*Un placer*	*De acuerdo.*

1.

2.

3.

4.

5.

6.

LECTURAS ADICIONALES

Nota cultural
Música para todos los gustos

¿Qué tipo de música le gusta a usted? ¿Escucha la música hispana? Hay varios conjuntos musicales y cantantes hispanos famosos en los Estados Unidos. ¿Puede mencionar algunos?

La música es parte esencial de la cultura hispana. Los últimos éxitos° se escuchan por todas partes: en los autobuses, los taxis y las tiendas. A mismo tiempo pueden estar de moda° un número bailable de estilo *soul*, una composición rítmica de salsa,[1] como las de Rubén Blades,[2] una cumbia,[3] una balada romántica de España y una canción de rock.

    Hay países latinoamericanos, como Bolivia y Perú, que tienen una tradición indígena° muy rica y producen una variedad de música folklórica con instrumentos musicales nativos. Los ritmos tradicionales de origen africano—la salsa puertorriqueña y la bachata dominicana, por ejemplo—son también muy populares en el mundo hispano.

    La música norteamericana, especialmente el *rock* y el *rap*, tiene un gran público en los países hispanos. Pero hoy la influencia de la música hispana en los Estados Unidos también se siente con fuerza.° Hay cantantes, como Gloria Estefan, y conjuntos musicales, como Los Lobos, que interpretan con mucho éxito ritmos latinoamericanos.

    Los programas de radio en España y América Latina reflejan° la gran variedad de música que los hispanos escuchan: *rock*, canciones románticas, ritmos bailables, música folklórica; los éxitos musicales más recientes y hasta los *oldies*, «viejitas pero bonitas».° Es decir, música para todos los gustos.

hits

estar... be in fashion

native

se... is strongly felt

reflect

«*viejitas... oldies but goodies*

COMPRENSIÓN

Identifique.

1. _____ viejitas pero bonitas
2. _____ salsa
3. _____ cumbia
4. _____ Rubén Blades
5. _____ Gloria Estefan
6. _____ *rap*
7. _____ instrumentos nativos
8. _____ bachata

a. música bailable del Caribe
b. canciones viejas
c. música colombiana
d. cantante de salsa
e. se usan para interpretar la música folklórica latinoamericana
f. tipo de música popular norteamericana
g. cantante hispana muy famosa en los Estados Unidos
h. música tradicional de la República Dominicana

---

[1] música bailable del Caribe, con influencia africana
[2] cantante panameño; es también actor de cine
[3] música bailable, originaria de Colombia

¡AHORA... USTED!

¿Qué tipo de música escucha? ¿Tiene usted un gusto variado? ¡Díganos!

TIPO DE MÚSICA	ME GUSTA MUCHO	UN POCO	NO ME GUSTA
clásica	_____	_____	_____
rock	_____	_____	_____
rap	_____	_____	_____
jazz	_____	_____	_____
folklórica	_____	_____	_____
baladas	_____	_____	_____
tradicional hispana	_____	_____	_____
contemporánea hispana	_____	_____	_____
viejitas pero bonitas	_____	_____	_____

UN PASO MÁS...

Entreviste a su compañero/a para saber qué tipo de música escucha. Puede utilizar la lista anterior como guía.

Capítulo **3**

ACTIVIDADES DE COMPRENSIÓN

A. ¡Sin permiso!

VOCABULARIO NUEVO

Bueno	*Hello (to answer phone in Mexico)*
permiso	*permission*
estudio	*study*
¿Estás bromeando?	*Are you kidding (joking)?*
nunca	*never*
en serio	*seriously*
larga distancia	*long distance*
chistoso/a	*funny*

Amanda está en el colegio y quiere ir al centro. Llama a su **mamá** para pedirle permiso.

Llene los espacios con la información pertinente.

GUILLERMO DICE:	AMANDA DICE:
Yo estoy en _____.	Yo estoy en el colegio.
Mamá _____ ____ el mercado.	Mamá no _____ ____ mercado los viernes.
Papá _____ ____ el parque.	Papá nunca _____ ____ parque.
La abuela está en su casa, ¡en Veracruz!	Yo _____ ____ centro sin permiso.

B. La radio: Avisos comerciales

1. El 16 de septiembre

VOCABULARIO NUEVO

venir/venga	*to come/come*
participar/participe	*to participate/participate*
auténtico/a	*authentic*
las regiones	*regions*
los fuegos artificiales	*fireworks*

los antojitos	typical Mexican dishes
disfrutar (de)/disfrute de	to enjoy/enjoy
nacional	national

Y ahora en KXET, un anuncio del Comité de Turismo y Convenciones[1] de Tijuana.

❖ ❖ ❖

Complete este anuncio del periódico con la información del anuncio de la radio.

Este _____ de _____
celebre el _____ de la
_____ de México con
los mexicanos.
Venga a Tijuana y participe
en una auténtica _____

_____.
• Vea _____ , _____ típicos de
varias regiones y _____ artificiales.
• Escuche _____ _____.
• Coma _____ mexicanos.

2. El salón de baile El Azteca

VOCABULARIO NUEVO

los conjuntos	groups (musical), bands
por adelantado	in advance
¡No se lo pierda!	Don't miss it!

_____

[1] Comité... *Tourism and Convention Committee*

Los conjuntos musicales mencionados

Los Bongos
Los Imperiales
Los Románticos
Trío Las Palomas

Y ahora en KXET, un mensaje para los aficionados al baile.

❖ ❖ ❖

¿Cierto (C) o *falso* (F)?

1. _____ Hoy es el Día de los Enamorados.

2. _____ El salón de baile está en la Avenida Independencia.

3. _____ Para información, llame al 8-56-92-49.

4. _____ Compre los boletos en la Tienda de Discos García.

C. Una entrevista con entusiasmo: La rutina de Inés

VOCABULARIO NUEVO

sentirse/me siento tonto/a	*to feel/I feel silly*
terminar/¿Ya terminamos?	*to finish/Are we finished now?*
enseñar/enseño	*to teach/I teach*
sumar	*to add*
restar	*to subtract*
multiplicar	*to multiply*
dividir	*to divide*
ayudar/les ayudo	*to help/I help them*
dar una vuelta	*to take a walk*

¡Me llamo Inés y soy colombiana!

Catalina Valle está haciendo una grabación[1] para la profesora Adela Martínez. La profesora Martínez quiere una entrevista con una maestra latinoamericana para su clase de español. La hermana de Catalina, Inés Valle de Torres, es maestra... ¡Escuchemos[2] la entrevista!

❖ ❖ ❖

Escuche la entrevista y complete la información sobre la hermana de Catalina.

Nombre: _____

Nacionalidad: _____

Profesión: _____

Estado civil: _____

Hijos/as: _____

Horario de la mañana: De _____ a _____

[1] *recording*
[2] *Let's listen to*

Ordene las actividades de Inés correctamente.

_____ Se acuesta y duerme.

_____ Llega a casa después de las clases.

_____ Sale a pasear con su esposo y sus hijas.

_____ Ayuda a sus hijas con la tarea.

_____ Habla con los vecinos.

_____ Juega con sus hijas.

_____ Cena con su familia.

D. Los deportes de Don Anselmo

VOCABULARIO NUEVO

¡Ni pensarlo!	*Don't even think of it!*
saber / tú sabes	*to know / you know*
¡Cuidado!	*Careful!*

Es un día de primavera en la Ciudad de México. Don Anselmo, un señor de 75 años de edad y su amigo de 80 años, don Eduardo, están sentados en la plaza. Están disfrutando[1] del buen tiempo y charlando sobre sus actividades diarias.

Diga quién: don Eduardo, su esposa o don Anselmo.

1. _____ Se levanta tarde.

2. _____ Se acuesta tarde.

3. _____ Es mayor que su esposa.

4. _____ Baila menos que su esposo.

5. _____ No va a muchas fiestas pero practica deportes.

6. _____ Juega al dominó y a las cartas y bebe cerveza.

E. ¡Qué temprano!

VOCABULARIO NUEVO

la explicación	*explanation*
a cinco cuadras	*five blocks away*
de ahora en adelante	*from now on*
¡Qué temprano!	*That's too early! (How early!)*

La profesora Martínez conversa con Alberto sobre sus actividades de la mañana.

---

[1] Están... *They are enjoying*

Después de escuchar el diálogo indique quién diría[1] esto, la profesora Martínez (P), Alberto (A) o los compañeros de clase de Alberto (CC).

_____ ¿Dónde vive?

_____ ¡Ay! ¡Otra vez no tengo tiempo para desayunar!

_____ ¿Las siete? ¡Ay... tengo mucho sueño!

_____ Nosotros llegamos a tiempo a clase todos los días.

_____ Señor Moore, ¿por qué llega usted tarde con tanta frecuencia?

_____ Podemos llamarte por teléfono a las seis de la mañana si quieres.

_____ ¡Ay, ay, ay! ¡Voy a llegar tarde otra vez!

_____ ¡Levántese a las seis y media y no va a tener problemas!

_____ Tengo mucha prisa.

F. ¡No quiero llegar tarde!

VOCABULARIO NUEVO

perder el autobús   *to miss the bus*
¡Gracias a Dios!   *Thank God!*

José Estrada va caminando al Parque del Retiro[2] cuando ve a su amiga Pilar Álvarez. Ella sale con prisa del edificio de apartamentos[3] donde vive y corre a la parada del autobús.

¿Cierto (C) o *falso* (F)?

1. _____ Pilar tiene mucha prisa porque no quiere llegar tarde al trabajo.

2. _____ El autobús pasa a las ocho menos veinte.

3. _____ Pilar está preocupada porque tiene un examen hoy.

4. _____ José corre porque él también va a tomar el autobús.

5. _____ José va a hacer ejercicio en el Parque del Retiro.

_____
[1] *would say*
[2] Parque... un parque muy grande en el centro de Madrid
[3] edificio... *apartment building*

G. Un turista típico

VOCABULARIO NUEVO

los grados	*degrees*
a este paso	*at this rate*
el espíritu de aventura	*spirit of adventure*
quejarse/no se quejan	*to complain/they don't complain*

Es verano y la familia Torres—Inés, Bernardo y sus tres hijas—está de vacaciones en España. Hoy están caminando por la Plaza de España¹ en Madrid, para luego visitar el Palacio Real.²

¿Cierto (C) o *falso* (F)?

1. _____ Todos tienen calor.

2. _____ Inés quiere visitar más lugares turísticos.

3. _____ Las niñas tienen sed.

4. _____ A Inés y a las niñas les gustaría almorzar.

ESCUCHE Y LEA LA FÁBULA

Pollita Tita

Es muy temprano por la mañana y Pollita Tita va caminando muy alegre cuando ¡Cuás! le cae una bellota° en la cabeza.

    —¡Jesús, María y José! —dice—. Se está cayendo el cielo° en pedazos.° Tengo que avisarle° a la reina.°

    La pollita camina al castillo,° sube montañas y cruza° valles,° hasta que se encuentra con Camila, la gallina. Camila le pregunta:

    —¿Adónde vas, Pollita Tita?

    —¡Voy a avisarle a la reina que el cielo se está cayendo!

    —¿Cómo sabes?° —le pregunta la gallina.

    —Lo sentí.° Un pedazo de cielo me cayó° en la cabeza.

    —¿Puedo acompañarte? —le pregunta la gallina.

    —¡Claro que sí! —le contesta Pollita Tita.

    Caminan juntas, suben montañas y cruzan valles, hasta que se encuentran a Quiquiriquí, el gallo° que les pregunta adónde van.

    —¡Vamos a avisarle a la reina que el cielo se está cayendo! —dice Camila, la gallina.

    —¿Cómo sabes? —pregunta el gallo.

    —Pollita Tita me lo dijo.°

acorn

Se... The sky is falling / pieces

tell, warn / queen

castle / crosses / valleys

¿Cómo... How do you know?

Lo... I felt it / me... fell on me (on my head)

rooster

me... told (it to) me

---

¹ Plaza... una plaza muy famosa que tiene un monumento dedicado a Cervantes, el autor de *Don Quijote*
² Palacio... palacio de los reyes de España

—¿Puedo acompañarlas?

—¡Claro que sí! —contesta la gallina.

Caminan juntos, Pollita Tita, Camila la gallina y Quiquiriquí el gallo. Suben montañas y cruzan valles hasta que se encuentran a Chato el pato° que les pregunta adónde van.

duck

—¡Vamos a avisarle a la reina que el cielo se está cayendo! —dice Quiquiriquí, el gallo.

—¿Cómo sabes? —le pregunta el pato.

—La gallina me lo dijo —contesta Quiquiriquí el gallo.

—¿Puedo acompañarlos?

—¡Claro que sí! —contesta el gallo.

Caminan juntos, Pollita Tita, Camila la gallina, Quiquiriquí el gallo y Chato el pato. Suben montañas y cruzan valles hasta que se encuentran a Gustavo el pavo° que les pregunta adónde van.

turkey

—¡Vamos a avisarle a la reina que el cielo se está cayendo! —dice Chato el pato.

—¿Cómo sabes? —pregunta Gustavo el pavo.

—El gallo me lo dijo —contesta Chato el pato.

—¿Puedo acompañarlos?

—¡Claro que sí! —le dice el pato.

Caminan juntos, Pollita Tita, Camila la gallina, Quiquiriquí el gallo, Chato el pato y Gustavo el pavo. Suben montañas y cruzan valles hasta que se encuentran a Teodoro el zorro.°

fox

—¿Por qué tienen tanta prisa, mis amigos? —les pregunta el zorro.

—¡Oh, vamos a avisarle a la reina que el cielo se está cayendo! —dicen Gustavo el pavo, Chato el pato, Quiquiriquí el gallo, Camila la gallina y Pollita Tita.

—Pero este no es el camino que va al palacio —dice Teodoro el zorro—. Síganme° a mí, yo los voy a llevar al palacio.— De esta manera siguen al zorro, suben montañas y cruzan valles, hasta que llegan a una cueva oscura.° —Síganme, —dice el zorro.

Follow me

cueva... dark cave

Todos los animales entran a la cueva y el zorro disfruta° de un almuerzo grande. ¡Qué lástima! La reina nunca supo° que el cielo se estaba cayendo.°

enjoy

found out / se... was falling down

Fin

EJERCICIOS DE PRONUNCIACIÓN

I. Pronunciación: *j, g*

The letter *g* before the letters *e* and *i* and the letter *j* are pronounced the same in Spanish. They are very similar to the letter *h* in English. The pronunciation of the *g* and *j* sound varies somewhat in different parts of the Spanish-speaking world. In some countries, it is pronounced stronger, with more friction in the throat, than in others.

A. Listen and then pronounce the following words with the letters *g* (followed by *e* or *i*) and *j*.

colegio, sociología, gimnasio, inteligente, generoso, ojos, joven, roja, viejo, bajo, anaranjado, traje, hijo, mujer, junio, ejercicios, dibujo

B. Listen and then pronounce the following sentences. Be sure to pronounce the *g* and *j* correctly.

1. El libro rojo es el libro de sociología.
2. El libro anaranjado es el libro de geografía.

3. ¿Tienes aquí tu traje de gimnasia?
4. Señora, su hijo tiene los ojos muy bonitos.
5. Ese joven es muy inteligente y le gusta jugar al tenis.

II. Pronunciación: *y*

In Spanish the letter *y* is pronounced like the Spanish vowel *i* if it appears at the end of a word. Otherwise it is pronounced the same as the Spanish letter *ll*.

A. Listen and then pronounce the following words, in which *y* is pronounced *i*.

y, hay, soy, muy

B. Now listen and pronounce these words in which *y* is pronounced like *ll*.

playa, leyendo, mayo, yo, uruguayo

EJERCICIOS DE ORTOGRAFÍA

I. The Letters *j* and *g*

The letter *g*, before the vowels *e* or *i*, and the letter *j* are pronounced the same. Listen to these words and write them with the letter *g* or the letter *j*.

1. _____   9. _____

2. _____   10. _____

3. _____   11. _____

4. _____   12. _____

5. _____   13. _____

6. _____   14. _____

7. _____   15. _____

8. _____

II. The Letters *y* and *ll*

The letter *y* is pronounced similarly to the letter *ll*: *mayo, amarillo*. In the word *y* (and) it is pronounced as the vowel *i*. If it appears at the end of a word as in *voy, hoy*, it is also pronounced as *i*, but together in a diphthong with the preceding vowel. Listen to the following words and write them with either *y* or *ll*.

1. _____   7. _____

2. _____   8. _____

3. _____   9. _____

4. _____   10. _____

5. _____   11. _____

6. _____   12. _____

13. _____   17. _____

14. _____   18. _____

15. _____   19. _____

16. _____   20. _____

ACTIVIDADES ESCRITAS

I. Los lugares

Lea *Gramática 3.1.*

A. ¿Adónde va usted para hacer estas cosas?

> MODELO: ¿Adónde va usted para comprar comida? → *Voy al supermercado.*

¿Adónde va usted... ?

1. para comer? _____

2. para nadar? _____

3. para estudiar? _____

4. para comprar libros? _____

5. para comprar papel y lápices? _____

B. ¿Qué hacemos en los siguientes lugares?

> MODELO: En la farmacia → *En la farmacia compramos medicinas.*

1. En un museo _____

2. En una zapatería _____

3. En un almacén _____

4. En un lago _____

5. En una iglesia _____

II. Los días feriados y las celebraciones

A. ¿Qué actividades asocia usted con los días feriados?

1. En la Navidad me gusta _____

2. Durante la Semana Santa quiero _____

3. El Día de la Madre voy a _____

4. El Día de la Independencia me gusta _____ con _____

5. El día de mi cumpleaños prefiero _____

6. La noche del Año Nuevo me gusta _____

7. En la Nochebuena voy a _____ con _____

8. El Día de los Enamorados quiero _____ con _____

9. El Día de Acción de Gracias siempre me gusta _____ con

    _____

10. El Día del Padre voy a _____

B. Escriba una composición sobre sus planes para el próximo día feriado. ¿Qué quiere hacer? ¿Adónde piensa ir? ¿Con quién? ¿Qué va a hacer allí? Use algunos de estos verbos: *acampar, cenar, dar una fiesta, descansar, esquiar, ir de compras, ir al cine, invitar, levantarse tarde, nadar, pescar, preparar una cena, viajar, visitar a... .*

_____

_____

_____

_____

_____

_____

_____

_____

_____

_____

III. La rutina diaria

Lea *Gramática 3.2–3.4.*

A. Complete lógicamente los espacios en blanco con estos verbos: *bañarse, desayunar, despertarse, dormir, hablar, levantarse, preparar, salir, volver.* Usted puede usar los verbos más de una vez.

Soy Mónica. Vivo en casa con mis padres y asisto a la Universidad de Texas en San Antonio.

Todos los días _____ _____[1] a las seis de la mañana y luego _____

_____.[2] _____ _____[3] con agua caliente y jabón. Mi mamá también

_____ _____[4] a las seis de la mañana todos los días. Ella _____[5] el

desayuno para toda la familia. Todos (nosotros) _____[6] a las siete. Despúes cada uno

_____[7] para el trabajo o para la escuela. A las tres de la tarde yo

_____[8] de mis clases y _____[9] a casa. _____[10] un

poco porque siempre estoy muy cansada. Después _____[11] con mi familia.

B. Escriba una composición de diez oraciones describiendo un lunes típico en su vida. Use la sección A como modelo.

_____

_____

_____

_____

_____

_____

_____

_____

_____

_____

_____

_____

_____

C. Escriba un párrafo corto para narrar lo que hacen estas personas. Use estas palabras para expresar el orden de las actividades de cada persona: *primero, luego, entonces, después, antes, finalmente.*

MODELO: Alberto no puede despertarse. →

Primero se levanta. Luego bebe café. Después se ducha y finalmente se despierta.

1.   Mónica va a la universidad.

_____

_____

2.   Luis quiere llegar a tiempo a clase.

_____

_____

3.   La profesora Martínez va a salir.

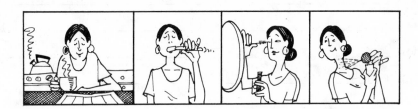

_____
_____

IV. Los estados físicos y anímicos

Lea *Gramática 3.5–3.6.*

A. Diga cómo está usted o qué tiene según la situación.

MODELO: Si no desayuno, al mediodía *tengo mucha hambre.*

1.   Soy estudiante, tengo cinco clases y soy casada, tengo tres hijos pequeños. _____

_____

2.   Si mi hijo maneja el coche sin permiso _____

_____

3.   Si escucho ruidos misteriosos a medianoche _____

_____

4.   Voy a casarme con mi novio José Luis porque _____

_____

5.   _____ porque ya son las ocho menos diez y tengo

clase de español a las ocho.

B. Diga cuál es su reacción cuando se encuentra en los siguientes estados físicos y mentales.

MODELOS: ¿Qué hace usted cuando está triste? →
Cuando estoy triste me quedo en mi cuarto y lloro.

¿Qué hace usted cuando tiene prisa? →
Cuando tengo prisa manejo rápidamente.

¿Qué hace usted cuando... ?

1.   está confundido/a? _____

2.   está aburrido/a? _____

3.   está cansado/a? _____

4.   está enojado/a? _____

5.   está deprimido/a? _____

6. está alegre? _____

7. tiene sed? _____

8. tiene sueño? _____

9. tiene frío? _____

10. tiene hambre? _____

LECTURAS ADICIONALES

Nota cultural
Los días feriados

¿Sabe usted cuáles son los días feriados que se celebran en el mundo hispano, como por ejemplo la Semana Santa y el Día de los Reyes Magos? ¿Son importantes estos días en la cultura norteamericana?

Los días feriados hispanos más importantes coinciden con las fiestas° católicas: la Semana Santa y las Navidades. La Semana Santa es la semana antes del Domingo de Pascua, el día de la Resurrección de Jesucristo. Durante estas fiestas, muchas personas visitan iglesias y catedrales. Otras simplemente aprovechan° la semana para estar con sus familiares y amigos, para ir a la playa o para acampar en las montañas.

celebrations

take advantage of

Las Navidades duran desde el 24 de diciembre, la Nochebuena, hasta el 6 de enero, el día de los Reyes Magos.° La familia se reúne la Nochebuena para cenar. El 25 es el día en que se celebra el nacimiento de Jesucristo. En algunos países hispanos ya es costumbre intercambiar regalos este día. Pero muchos todavía esperan hasta el 6, cuando los Reyes Magos le ofrecen sus regalos al Niño Jesús.

los... The Three Wise Men

COMPRENSIÓN

Indique si estas descripciones corresponden a la Semana Santa (SS), a las Navidades (N) o al Día de los Reyes Magos (RM).

1. _____ del 24 de diciembre hasta el 6 de enero

2. _____ la resurrección de Jesucristo

3. _____ la semana antes del Domingo de Pascua

4. _____ el 6 de enero

5. _____ intercambio de regalos (dos posibilidades)

6. _____ el nacimiento de Jesucristo

7. _____ la familia se reúne para cenar en la Nochebuena

8. _____ la gente visita iglesias, va a la playa o a las montañas

AHORA... ¡USTED!

Converse con su compañero/a sobre uno de los días feriados mencionados en la lectura. ¿Cómo se celebra este día en su familia? ¿Es una celebración similar o diferente de la de los hispanos?

UN PASO MÁS...

¿No le gustaría tener más días feriados durante el año? Use su imaginación para crear un día feriado nuevo que vamos a poner en el calendario. Algunas preguntas útiles: ¿Cómo se llama su día? ¿En qué fecha se celebra? ¿Qué conmemora? ¿Cuáles son las actividades importantes de este día?

Los amigos hispanos
La vida de Bernardo

Todos tenemos que hacer diariamente° ciertas cosas necesarias, ¿no? ¿Puede nombrar unas cuantas°? Aquí hay algunas actividades necesarias para muchas personas: estudiar, hacer la tarea, trabajar, preparar la comida, hacer las compras, limpiar la casa y cuidar a los niños.

daily
nombrar... *name a few*

En el caso de Bernardo Torres y su familia, la rutina diaria cambia sólo una vez al año, cuando salen todos de vacaciones. Bernardo trabaja en una compañía que fabrica productos de plástico en Bogotá, Colombia. Su esposa Inés es maestra de una escuela primaria. Tienen tres hijas y viven en un apartamento en la Calle Molino.

Durante la semana, Bernardo se levanta a las siete y media todos los días. Inés y las niñas se levantan un poco más tarde. La empleada doméstica° prepara el desayuno y toda la familia desayuna a eso de° las ocho. Antes de salir para su trabajo, Bernardo lee el periódico y conversa un poco con sus hijas sobre la escuela. Bernardo entra al trabajo a las nueve, y a la una almuerza con algunos compañeros de trabajo en un restaurante. Su jornada° es larga, hasta las seis. Por la noche, después de cenar, los esposos juegan con sus hijas o reciben alguna visita. A veces ven su telenovela favorita en la televisión.

empleada... *maid*
a... *at about*

workday

La vida de la familia Torres es rutinaria y quizás° hasta un poco aburrida, pero su rutina cambia durante sus vacaciones de verano. La pasión de Inés y Bernardo es viajar. Cada año, por cuatro semanas más o menos, viajan con sus hijas a algún país de la América Latina. Este verano van a visitar España por primera vez. Pero estamos todavía en febrero, y mientras tanto,° hay que levantarse a las siete y media, trabajar...

perhaps

mientras... *in the meantime*

COMPRENSIÓN

I. Indique con una línea a qué hora aproximadamente ocurren las actividades rutinarias de la familia de Bernardo.

7:30 de la mañana	*La familia desayuna.
7:45 de la mañana	*Bernardo entra al trabajo.
8:05 de la mañana	*Los esposos juegan con sus hijas o reciben alguna visita.
8:15 de la mañana	*Inés y sus hijas se levantan.
9:00 de la mañana	*Bernardo sale de su trabajo.
1:00 de la tarde	*Las hijas conversan con su papá sobre la escuela.
6:00 de la tarde	*Bernardo se levanta.
8:00 de la noche	*Bernardo almuerza con sus compañeros.
	*Bernardo lee el periódico.

II. Indique con una «X» la(s) persona(s) que se corresponde(n) con estas descripciones.

	BERNARDO	INÉS	LAS HIJAS	LA FAMILIA TORRES
1. Es profesora.		X		
2. Viajan en el verano.				
3. A veces ven una telenovela.				
4. Son estudiantes.				
5. Trabaja en una compañía que fabrica productos de plástico.				
6. Su pasión es viajar.				

AHORA... ¡USTED!

Use las horas indicadas en *Comprensión* (Parte I) y dígale a su compañero/a lo que usted está haciendo a esas horas en un día típico.

UN PASO MÁS...

Normalmente la familia Torres pasa sus vacaciones de verano en un país de América Latina, pero este año Inés y Bernardo están buscando un lugar diferente. ¿Qué les recomienda usted? Considere estas preguntas.

1. ¿Adónde pueden ir y por qué? _____

2. ¿Qué lugares interesantes pueden visitar allí? _____

3. ¿Hay celebraciones interesantes en ese lugar? ¿Cuáles son?

_____

4. ¿Cuáles son las actividades más divertidas para las personas adultas de la familia? ¿y para las niñas? _____

Capítulo **4**

ACTIVIDADES DE COMPRENSIÓN

A. ¡Repita, repita, repita!

VOCABULARIO NUEVO

repetir/repita	*to repeat/repeat*
¡Qué lástima!	*What a pity!*
la traducción	*translation*

Carmen Bradley y Susana Foster son amigas y estudian en universidades diferentes. Las dos estudian español porque quieren viajar a España el próximo verano. Hoy Susana está haciendo su tarea de español.

¿Con quién asocia usted estas afirmaciones, con Susana (S) o con Carmen (C)?

1. _____ Es una chica entusiasta, y tiene muchas ganas de ir a España.

2. _____ Cree que su clase de español es aburrida.

3. _____ Le gusta escuchar a su profesora.

4. _____ Hace su tarea de matemáticas en la clase de español.

5. _____ En su clase de español la gramática y las traducciones son muy importantes.

6. _____ En su clase de español cantan y ven videos.

B. ¿Qué sabes hacer?

VOCABULARIO NUEVO

aconsejar/¿Qué me aconsejas?	*to advise/What do you advise me to do?*
A ver...	*Let's see . . .*
doméstico/a	*domestic*
la batería	*drum section*

Mónica Clark quiere ganar un poco de dinero trabajando después de las clases. Ahora está charlando con Luis Ventura en la cafetería de la universidad.

Forme oraciones combinando una frase de la columna A con una frase de la columna B.

Mónica no va a buscar empleo en...

A		B
1. _____ un restaurante		a. probablemente no sabe cantar bien.
2. _____ una lavandería	porque	b. cree que es un trabajo muy doméstico.
3. _____ un banco		c. sólo sabe cocinar para grupos pequeños.
4. _____ un club nocturno		d. necesita horas flexibles.

C. Daniel el modesto

VOCABULARIO NUEVO

hacer/las que hago yo   *to make/the ones I make*
de moda   *the latest*
decir/¡No me digas!   *to say/You don't say!*
¡Es cierto!   *It's true!*
¡Eres un genio!   *You're a genius!*
la modestia   *modesty*
pensar/pensándolo bien   *to think/on second thought*
las habilidades   *talents*
ordinario/a   *ordinary*

Daniel Galván, un «don Juan», está enfrente de su apartamento, conversando con Claudia, su nueva vecina.

Indique a quién describen estos adjetivos, a Claudia (C), a Daniel (D) o a ninguno[1] de los dos (N).

1. _____ seguro/a[2]   6. _____ exagerado/a
2. _____ sorprendido/a[3]   7. _____ modesto/a
3. _____ simpático/a   8. _____ sarcástico/a
4. _____ preocupado/a   9. _____ tímido/a
5. _____ interesado/a

---

[1] *neither*
[2] *self-confident*
[3] *surprised*

¿Qué sabe hacer Daniel?

1. _____   4. _____

2. _____   5. _____

3. _____   6. _____

D. Pobres alumnas... pobres camisas

VOCABULARIO NUEVO

parecer/pareces un poco cansado/a	*to seem/you seem a bit tired*
¡imagínate!	*imagine!*
los angelitos	*little angels*
la mecanografía	*typing*
conseguir	*to get*
mientras tanto	*meanwhile*
el/la jefe/a	*boss*
tratar/¿Cómo te tratan?	*to treat/How do they treat you?*
distraerse/me distraigo	*to get distracted/I get distracted*
alumno/a	*pupil, student*
sin sentido	*senseless*

Inés Torres y su vecina Beatriz están hablando un sábado en la mañana enfrente del apartamento de Inés en Bogotá.

❖ ❖ ❖

¿A quién representan estos dibujos, a Inés (I) o a Beatriz (B)?

1. _____

2. _____

3. _____

4. _____

E. La carrera de tus sueños

VOCABULARIO NUEVO

pasar/te pasas la vida	*to spend/you spend all your time*
aburrirse/me aburro	*to get bored/I get bored*
aunque	*even though*
reírse/tú te ríes	*to laugh/you laugh*
complacer	*to please*
¡Qué pena!	*What a shame!*
seguir/seguir la carrera	*to pursue/to pursue the career*
la cartelera	*billboard*
el neón	*neon light*
el jurado	*jury*

Pilar Álvarez y Ricardo Sícora, el estudiante venezolano de derecho, están hablando en un café de la Gran Vía en Madrid.

Lea todas las respuestas y luego escoja la más lógica.

1. A Ricardo le gusta Madrid...

    a. pero nunca tiene ganas de estudiar.

    b. y tiene tiempo para estar con los amigos.

    c. y nunca tiene tiempo para estudiar.

    d. pero no tiene tiempo para disfrutar de la ciudad.

2. Ricardo estudia leyes porque...

    a. le gusta mucho esa carrera.

    b. es la carrera de sus sueños.

    c. sus padres quieren tener un abogado en la familia.

    d. tiene un tío que es abogado y gana mucho dinero.

3. Pilar le dice a Ricardo que...

    a. él debe escoger la carrera que le gusta.

    b. que él debe hacer lo que sus padres quieren.

    c. los abogados ganan mucho dinero.

    d. quiere ver sus carteleras en la Gran Vía.

4. Pilar estudia diseño y arte comercial...

    a. pero no le gusta mucho.

    b. porque sus padres quieren.

    c. y está muy contenta con su carrera.

    d. pero prefiere ser abogada.

5. Después de terminar su carrera, Pilar probablemente va a...

    a. estar enfrente del jurado.

    b. ser la esposa de Ricardo.

    c. estudiar derecho con Ricardo.

    d. hacer avisos comerciales y carteleras.

F. Un cliente curioso

VOCABULARIO NUEVO

el regalo   *gift*
algún lugar   *some place*

Carla Espinosa es una dependienta de una tienda de ropa en San Juan, Puerto Rico. En estos momentos está conversando con un joven cliente que tiene muchas preguntas.

¿Quién está pensando esto, Carla (C) o Fernando (F) (el cliente)?

1. _____ No voy a comprar nada... no me interesan ni las blusas ni las faldas... me interesa la dependienta.

2. _____ ¡Ay, cuántas preguntas! ¿Qué quiere este cliente?

3. _____ No sé si es verdad que también quiere estudiar medicina.

4. _____ ¡Ahora sí voy a saber su nombre!

5. _____ ¡Ay, voy a tener que comprar algo!

G. En la radio: La Escuela El Moderno

VOCABULARIO NUEVO

bilingüe(s)   *bilingual*
los/las contadores/as   *accountants*
los/las programadores/as   *programmers*
encontrar/encuentra   *to find/you find*
las inscripciones   *registration*
asegurar/asegure   *to insure/insure*

Y ahora en KXET, un anuncio comercial de la Escuela El Moderno, de la Ciudad de México.

Escoja la(s) respuesta(s) más lógica(s). ¡OJO! A veces hay más de una respuesta correcta.

1. La Escuela El Moderno tiene información importante para...

   a. los niños y los adultos.

   b. la gente moderna.

   c. los jóvenes.

   d. las escuelas.

2. La Escuela El Moderno es para las personas que...

   a. quieren un buen empleo.

   b. quieren ser profesionales.

   c. buscan una carrera interesante.

   d. quieren ser jóvenes.

3. En la Escuela El Moderno hay...

   a. cursos para secretarios bilingües.

   b. cursos para contadores.

   c. cursos para operadores y programadores de computadoras.

   d. cursos para aficionados a la escuela.

4. El lunes... la Escuela El Moderno.

   a. vamos a visitar

   b. empiezan las inscripciones en

   c. hace buen tiempo en

   d. empiezan las clases en

5. La dirección de la Escuela El Moderno...

   a. es muy buena para su futuro profesional.

   b. es Avenida Morelos y Calle Diecisiete.

   c. es el nombre El Moderno.

   d. es el lunes en México.

H. ¡El parque nos espera!

VOCABULARIO NUEVO

el/la bromista	*joker*
acompañar	*to accompany*
pasar por/pasen por mí	*to come or go by/come by to pick me up*
suponer/supongo	*to suppose/I suppose*
la limosina	*limousine*
el maquillaje	*makeup*
el/la atleta	*athlete*

Son las ocho de la mañana de un sábado de primavera. Luis Ventura todavía está durmiendo cuando suena el teléfono.

¿Cierto (C) o *falso* (F)?

1. _____ Cuando Nora llama, Luis está durmiendo.

2. _____ Luis dice que quiere ducharse primero.

3. _____ En la casa de Luis hay solamente un baño.

4. _____ Nora dice que no es necesario afeitarse para ir a correr.

5. _____ Luis va a estar listo en diez minutos.

6. _____ Luis dice que deben beber café en la casa de Nora después de correr.

ESCUCHE Y LEA LA FÁBULA

La gallinita roja

La gallinita roja rasca° el piso del granero° y encuentra unos granos de trigo.°   *scratches / barn / wheat*
   —Hay que plantar este trigo —dice—. ¿Quién quiere plantar estos granos de trigo?
      —Yo no —dice el pato.°   *duck*
      —Yo no —dice el gato.
      —Yo no —dice el perro.

   —Entonces, lo voy a hacer yo —dice la gallinita roja y empieza a trabajar.
Cuando el trigo crece° alto, la gallinita anuncia: *grows*
   —El trigo está listo para la cosecha.° ¿Quién quiere cortarlo?   *harvest*
      —Yo no —dice el pato.
      —Yo no —dice el gato.
      —Yo no —dice el perro.

   —Entonces, lo voy a hacer yo —dice la gallinita roja y empieza a trabajar. La gallinita roja termina de cortar el trigo y pregunta:
     —¿Quién quiere desgranar° el trigo?   *to thresh*
      —Yo no —dice el pato.
      —Yo no —dice el gato.
      —Yo no —dice el perro.

—Entonces, yo lo haré —dice la gallinita roja y empieza a trabajar. La gallinita roja termina de desgranar el trigo y pregunta:

—¿Quién quiere moler° el trigo para hacer la harina?°   *grind / flour*

—Yo no —dice el pato.

—Yo no —dice el gato.

—Yo no —dice el perro.

—Entonces, yo lo haré —dice la gallinita roja. Termina de moler el trigo y pregunta:

—¿Quién quiere ayudarme a hacer el pan?°   *bread*

—Yo no —dice el pato.

—Yo no —dice el gato.

—Yo no —dice el perro.

—Entonces, yo lo haré —dice la gallinita roja. Termina de hacer el pan y el aroma se esparce° por el granero. La gallinita dice: *spreads*

—Hay que comerse el pan. ¿Quién quiere comerlo?

—¡Yo! —dice el pato.

—¡Yo! —dice el gato.

—¡Yo! —dice el perro.

—¡No! —dice la gallinita—. Yo lo voy a comer. El pan es un premio° al trabajo y yo lo merezco.°   *reward, prize*
yo... I deserve it.

EJERCICIOS DE PRONUNCIACIÓN

I. Pronunciación: *p, t, c,* and *qu*

The following consonants are pronounced very tensely: *p, t, qu* before *e* and *i*, and *c* before *a, o,* and *u*. In English these consonants are often pronounced in a more relaxed fashion and with a small explosion of air; no such explosion of air occurs in Spanish. Note also that the Spanish *t* is pronounced with the tip of the tongue touching the back of the upper teeth, while the English *t* is pronounced with the tongue further back, on the alveolar ridge.

A. Listen as the tape compares the following words in English and Spanish.

ENGLISH	SPANISH	ENGLISH	SPANISH	ENGLISH	SPANISH
patio	patio	taco	taco	casino	casino
papa	papá	tomato	tomate	Kay	que

B. Listen and then pronounce the following words tensely, avoiding any escape of extra air.

pelo, piernas, piso, pizarra, planta, pluma, puerta, pequeño, Perú, perro, padre, poco, precio, país

taxi, tiza, traje, tiempo, teatro, televisión, trabajo, tocar, tomar, tenis

cabeza, castaño, corto, café, camisa, corbata, cuaderno

qué, quién, quiero, quince

C. Concentrate on the correct pronunciation of *p, t, c/qu* as you listen and pronounce the following sentences.

1. El pelo de Luis es muy corto.
2. La camisa de Raúl es de color café.
3. Carmen tiene un traje de tenis nuevo.
4. ¿Quién tiene una corbata nueva?
5. Nora tiene un carro pequeño.

II. Pronunciación: Linking

Words in spoken Spanish are normally not separated, but rather are linked together in phrases called breath groups.

A. Listen to the breath groups in the following sentence.

Voy a comer / y después / quiero estudiar / pero tal vez / si tengo tiempo / paso por tu casa.

Words within a phrase or breath group are not separated but pronounced as if they were a single word.

B. Notice especially the following possibilities for linking words. (C = consonant and V = vowel.)

C + V   más o menos, dos o tres, tienes el libro

V + V   él o ella, voy a ir, van a estudiar, su amigo, todo el día

C. Notice also that if the last sound of a word is identical to the first sound of the next word, the sounds are pronounced as one.

C + C   los señores, el libro, hablan naturalmente

V + V   Estoy mirando a Alicia, ¡Estudie en México!, ¿Qué va a hacer?

D. Listen and then pronounce the following sentences. Be sure to link words together smoothly.

1. No me gusta hacer nada aquí.
2. Los niños no tienen nada en las manos.
3. El libro está aquí.
4. Linda va a hablar con Norma.
5. Mi hijo dice que son nuevos los zapatos.

EJERCICIOS DE ORTOGRAFÍA

I. The Letters *c* and *q*

The letter *c* followed by *a, o,* or *u,* and the letters *qu* followed by *e* and *i* are both pronounced with the sound of the letter *k.* Only foreign words in Spanish are written with the letter *k.*

Listen and write the words or phrases you hear. Be careful to use the letters *c* and *qu* correctly.

1. _____   4. _____

2. _____   5. _____

3. _____   6. _____

7. _____   9. _____

8. _____   10. _____

II. Word Stress

A word that ends in a vowel and is stressed on the last syllable must carry a written accent on the last syllable. For example: *mamá*.

A. Listen and then write the words you hear stressed on the last syllable.

1. _____   4. _____

2. _____   5. _____

3. _____

A word that ends in the letters *n* or *s* and is stressed on the last syllable must have a written accent on the last syllable. For example: *detrás*. This includes all words ending in *-sión* and *-ción*.

B. Listen and write the words you hear stressed on the last syllable.

1. _____   6. _____

2. _____   7. _____

3. _____   8. _____

4. _____   9. _____

5. _____   10. _____

Words that end in an *-n* or *-s* in the singular and that are stressed on the final syllable, like *francés* or *comunicación,* do not need a written accent mark on forms with an additional syllable. This includes feminine forms, such as *francesa,* and plural forms, such as *franceses* and *comunicaciones.*

C. Listen and write the following pairs of words.

1. _____   _____

2. _____   _____

3. _____   _____

4. _____   _____

5. _____   _____

ACTIVIDADES ESCRITAS

I. Las actividades en la clase de español

Lea *Gramática 4.1.*

A. Escoja el verbo correcto para completar cada oración: *aprender, comprender, decir, empezar, enseñar, entender, escribir, escuchar, explicar, hablar, hacer, oír, preguntar, preparar, recoger, terminar.* No olvide usar la forma apropiada de cada verbo. Usted puede usar los verbos más de una vez.

1. En la clase la profesora _____ y los estudiantes

    _____.

2. Cuando yo no _____ algo el profesor me _____.

3. Cuando mis compañeros me _____ y yo no

    _____, ellos repiten.

4. Es necesario _____ el Capítulo cuatro hoy porque mañana vamos a

    _____ el Capítulo cinco.

5. En la clase de español (yo) _____ a la profesora con cuidado y

    _____ casi todo lo que ella _____.

6. Todas las tardes _____ mi tarea.

7. En clase, cuando los estudiantes no _____ la gramática o el

    vocabulario, ellos le _____ a la profesora.

8. El profesor _____ la clase todas las noches.

9. El profesor _____ la tarea de los estudiantes antes de empezar las

    actividades del día.

10. La profesora _____ en la pizarra y nosotros

    _____ en nuestros cuadernos.

B. Termine estas mini-conversaciones con los pronombres apropiados.

MÓNICA: Oye Luis, ¿_____[1] explicas la gramática por favor?

LUIS: ¡Ay no!, Mónica. Siempre _____[2] explico y tú nunca comprendes. ¿Por qué

no _____[3] preguntas a la profesora?

MÓNICA: Tienes razón, _____[4] voy a preguntar a ella después de la clase.

ESTEBAN: Raúl, mañana Carmen y yo vamos a tener un examen difícil en la clase de español...

¿quieres ayudar_____[5]?

RAÚL: Sí, ¿cómo puedo ayudar_____[6]? ¿_____[7] explico la gramática?

ESTEBAN: No, hombre. Necesitamos practicar. ¿Por qué no _____[8] preguntas algo?

RAÚL: Buena idea. Yo _____⁹ pregunto algo en español y ustedes _____¹⁰ contestan en

inglés... así yo practico el inglés.

ESTEBAN: No, Raúl, hoy no. _____¹¹ contestamos en español porque necesitamos practicar

mucho. Otro día _____¹² ayudamos con el inglés.

ALBERTO: Profesora, ¿_____¹³ está escribiendo una nota a mi madre porque siempre llego tarde?

PROFESORA: No, señor Moore, _____¹⁴ estoy escribiendo una nota a usted para ayudar_____¹⁵ a

recordar la hora de la clase.

ALBERTO: Muchas gracias, profesora. También voy a decir_____¹⁶ a Esteban que debe llamar

_____¹⁷ por teléfono a las seis de la mañana. ¡No voy a llegar tarde al examen!

PROFESORA: ¿Y el resto del semestre, señor Moore?

C. Lea el párrafo de Susana Foster. Luego escriba un párrafo corto sobre lo que usted hace durante su clase de español.

Mi clase de español empieza a las nueve en punto. Unos minutos antes yo saludo a mis compañeros. Luego escucho las explicaciones de la profesora. Ella dice: «Clase, hoy vamos a leer. Señorita Foster, lea por favor». Oigo mi nombre, entonces abro mi libro y leo en voz alta. Después la profesora dice: «Contesten las preguntas». Yo saco mi cuaderno y mi lápiz y escribo las respuestas. Algunas veces termino antes y hago mi tarea de matemáticas. Finalmente, cuando es hora de salir le doy mi tarea a la profesora, les digo adiós a mis amigos y salgo.

_____

_____

_____

_____

_____

_____

_____

_____

_____

_____

II. Las habilidades

Lea *Gramática 4.2.*

A. Escriba oraciones sobre actividades que usted no sabe hacer pero que otras personas sí saben hacer. Piense en actividades como *patinar en el hielo, nadar, cocinar,* etc.

MODELOS: *Yo no sé reparar carros pero mi novio sí sabe.*

Yo no sé hablar francés pero mi amiga Nicole sí sabe.

1. _____
2. _____
3. _____
4. _____
5. _____
6. _____

B. Piense en cinco personas famosas y escriba una oración describiendo la actividad que saben hacer muy bien.

      MODELO: La argentina Gabriela Sabatini sabe jugar al tenis muy bien.

1. _____
2. _____
3. _____
4. _____
5. _____

C. ¿Puede(n) o no puede(n)? Escriba *sí* o *no* y por qué.

      MODELO: ¿Puede usted ver la televisión y estudiar español a la vez[1]? →
               Sí, porque soy muy inteligente.

1. ¿Puede usted comer y hablar a la vez?

    _____

2. ¿Puede un perro hablar inglés? ¿Y puede comprender inglés?

    _____

3. ¿Puede usted escribir bien con la mano izquierda?

    _____

4. ¿Pueden nadar los peces? ¿los pájaros?

    _____

5. ¿Pueden los estudiantes dormir y aprender a la vez?

    _____

III. Las carreras y las actividades del trabajo

Lea *Gramática 4.3.*

A. Usted está en una fiesta y está identificando a varias personas que su amigo/a no conoce. Describa las actividades profesionales de esas personas.

      MODELO: Esas señoras que están allí son *enfermeras* y trabajan en el hospital San Martín.

---

[1] a... *at the same time*

1. Este señor que está aquí es _____. Examina a sus pacientes en su consultorio.

2. Estas señoras que están aquí son _____ bilingües y enseñan en una escuela en Buenos Aires.

3. Este señor que está aquí enfrente es _____. Trabaja en un taller de reparaciones que está al lado del parque.

4. Esta joven que está aquí detrás corta el pelo en la Peluquería El Esplendor. Es

_____.

5. Esos señores que están allí son _____. Están construyendo un puente como el Golden Gate de San Francisco.

6. Esa señorita que está allí trabaja de _____ en el Banco Nacional de México.

7. Ese joven alto y guapo que está allí es _____. Es empleado de Iberia, la línea aérea española.

8. Aquellas señoritas que están allá cerca de la puerta cantan en el Club de Catalina. Son

_____.

9. Aquel señor que está allá es _____. Atiende mesas en el restaurante El Patio Andaluz.

B. Escriba un párrafo sobre su trabajo o el trabajo que le gustaría tener. ¿Cuáles son sus actividades diarias? ¿Qué obligaciones tiene? ¿Le gusta su trabajo? ¿Por qué? ¿Cuáles son los aspectos positivos de su trabajo? ¿Hay algo que no le gusta? ¿Qué es?

_____

_____

_____

_____

_____

_____

_____

IV. Mi futuro

Lea *Gramática 4.4.*

A. Escoja algunas actividades de esta lista o piense en otras y luego exprese sus planes para el futuro usando frases como *voy a, quiero, pienso, tengo ganas de, me gustaría, quisiera.*

comprar un carro, pasar más tiempo con mi familia, vivir en la playa, comprar mi propia casa, buscar un buen empleo, viajar a Sudamérica, escribir una novela, leer todos los libros que no puedo leer

MODELO: Durante el verano quisiera viajar a Europa.

1. _____

    _____

2. _____

    _____

3. _____

    _____

4. _____

    _____

5. _____

    _____

B.   Piense en su futuro. ¿Qué va a hacer? ¿Qué le gustaría hacer después de graduarse? ¿Tiene ganas de descansar unos meses o piensa buscar empleo inmediatamente? ¿Quisiera viajar? ¿Adónde? ¿Qué otras cosas piensa hacer?

_____

_____

_____

_____

_____

_____

_____

_____

V. Las sugerencias

Lea *Gramática 4.5.*

Lea cada situación y escriba sugerencias usando *vamos a.*

MODELO: Es sábado y está lloviendo. Usted y un amigo están en casa y están aburridos. →
Vamos a jugar a las cartas.
Vamos a ver un video.

1.   Es un día de mucho calor. Usted y un amigo están reparando su coche.

_____

_____

2. Están en las montañas, hay mucha nieve y está haciendo mucho frío.

_____

_____

3. Es un viernes y son las diez de la noche. Usted y su amigo/a están en casa viendo la televisión.

_____

_____

4. Son las once de la noche, es sábado y usted y sus amigos están jugando a las cartas.

_____

_____

5. Es miércoles y es medianoche. Usted y su amigo/a están estudiando en su casa.

_____

_____

6. Usted y sus amigos están en el parque (la playa). Es un día de mucho calor.

_____

_____

VI. El orden de las actividades

Lea *Gramática 4.6.*

A. Describa las actividades de estas personas. Use *primero, entonces, después, luego, finalmente.*

MODELO: El coche de Alberto es viejo.

Alberto lleva su carro al taller mecánico. Primero Alberto habla con el mecánico. Luego el mecánico revisa el carro y habla con Alberto sobre los problemas y cuánto cuesta el servicio. Entonces repara el carro. Alberto le paga a la cajera pero le gustaría salir sin pagar.

1. Daniel Galván es piloto.

_____

_____

2. Un juez es una persona importante.

_____

_____

3. Esteban trabaja en un restaurante.

_____

_____

4. La doctora Hernández está muy cansada.

_____

_____

5. Un buen abogado trabaja mucho.

_____

_____

B. Mire los dibujos y describa lo que hace Ernesto.

MODELO: Después de despertarse,
Ernesto se levanta.

1. Después de _____,

   Ernesto _____ _____.

2. Antes de _____,

   Ernesto _____ _____

   _____ _____.

3. Son las 8:00 de la mañana. Después de

   _____, Ernesto

   _____ el periódico.

4. Finalmente, Ernesto sale después de

   _____ el sombrero.

5. Antes de _____,

   Ernesto tiene ganas de

   _____ café.

LECTURAS ADICIONALES

Los amigos hispanos
Las actividades de Carlos Padilla

¿Cómo es la rutina diaria de un estudiante norteamericano? Piense en sus propias actividades y compárelas con las de Carlos, un estudiante mexicano.

Carlos Padilla estudia arquitectura en la UNAM, la Universidad Nacional Autónoma de México.[1] Carlos se levanta diariamente a las seis, se ducha, se viste, toma un poco de café con pan dulce° y repasa° la tarea brevemente. Luego va a la parada del camión,° donde lo espera Silvia Bustamante, su novia. Silvia también estudia en la UNAM.

pan... sweet rolls (Mex.) / he reviews
bus (Mex.)

En la mañana, antes de sus clases, Carlos piensa muchas veces en sus padres, que todavía viven en Ayapango, un pueblecito en las afueras de México. Carlos los extraña° mucho.

los... misses them

Carlos llega a la Ciudad Universitaria[2] a las ocho y media cada mañana. Le gustan sus clases. La primera empieza a las nueve y la última termina a las doce. Durante la semana, en las tardes, Carlos trabaja de chofer de taxi. Pero los fines de semana le gusta divertirse. Sale a pasear con sus amigos por la tarde y por la noche va a bailar o va al cine con Silvia.

COMPRENSIÓN

¿Qué hace Carlos Padilla...

1. _____ a las seis de la mañana?
2. _____ a las ocho y media de la mañana?
3. _____ a las nueve de la mañana?
4. _____ a las doce?
5. _____ en las tardes, durante la semana?
6. _____ los fines de semana?

a. Sale de su última clase.
b. Va a bailar o va al cine.
c. Trabaja de chofer.
d. Va a su primera clase.
e. Llega a la Ciudad Universitaria.
f. Se levanta.

AHORA... ¡USTED!

Mire el dibujo de Carlos que está al comienzo de esta lectura. ¿En qué piensa él? ¿En sus estudios? ¿Sueña despierto/a (*daydream*) usted también cuando está estudiando? ¿En qué piensa?

_____

_____

UN PASO MÁS...

¿Es la rutina de usted similar o diferente de la de Carlos? Lea de nuevo[3] el primer párrafo de la lectura y luego escríbalo de nuevo con sus datos personales.

Yo estudio _____ en _____. Yo me levanto diariamente a las

_____, me _____, me _____,

_____ y _____. Luego voy _____.

---

[1] UNAM... *National Autonomous University of Mexico*, la universidad más grande de México
[2] Ciudad... *the UNAM campus*
[3] de... *again*

Los amigos hispanos
Silvia Bustamante

Silvia, la novia de Carlos, habla aquí de su familia y de sus estudios. ¿Cómo es la vida de esta joven estudiante mexicana?

 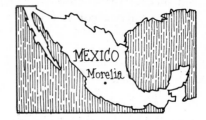

Me llamo Silvia Bustamante Morelos. Soy de Morelia pero ahora vivo en la Ciudad de México con mis tíos. Éste es mi segundo año de estudios en la UNAM. Quiero ser doctora. Mi novio Carlos Padilla también estudia allí. Él dice que un día, cuando nos casemos,° va a construir una casa en las Lomas de Chapultepec.[1]

cuando... *when we get married*

De lunes a jueves Carlos y yo vamos juntos en camión a la universidad. En el camión nos gusta conversar y observar a la gente, pero muchas veces tenemos que repasar nuestros apuntes para las clases y revisar° las tareas.

review

Me gusta vivir en el D. F.[2] con mis tíos, aunque la verdad es que son muy estrictos. ¡Más estrictos aún que mis padres! Dicen que solamente tengo diecinueve años y que la capital es un lugar peligroso° para una mujer joven. Al principio no me dejaban° salir sola con Carlos, pero después él se ganó° la confianza° de toda la familia. Ahora mis tíos están convencidos de que Carlos es todo un caballero.°

dangerous
no... *they didn't let me* /
se... *earned*
trust
gentleman

COMPRENSIÓN

Combine las frases para formar oraciones completas.

1. _____ Silvia vive ahora en...

2. _____ A Silvia le gusta vivir en el Distrito Federal...

3. _____ Carlos dice que...

4. _____ Los tíos de Silvia piensan que...

5. _____ En el camión Carlos y Silvia...

a. aunque sus tíos son estrictos.
b. Carlos es un muchacho decente y amable.
c. algún día Silvia y él van a poder vivir en las Lomas de Chapultepec.
d. la capital del país con sus tíos.
e. conversan y se preparan para sus clases.

---

[1] un vecindario (*neighborhood*) muy elegante en la Ciudad de México
[2] Distrito Federal, la capital del país; comparable con Washington, D.C. (Distrito de Columbia)

AHORA... ¡USTED!

1. ¿Son sus padres estrictos? ¿Qué opinan ellos de sus actividades?

   _____

2. ¿Es peligrosa la zona donde usted vive? ¿Puede salir solo/a de noche? ¿Le gustaría vivir en otro lugar? ¿Por qué (no)?

   _____

Capítulo **5**

ACTIVIDADES DE COMPRENSIÓN

A. ¡Qué mal gusto!¹

VOCABULARIO NUEVO

estrecho/a	*tight*
transparente	*transparent*
flaco/a	*skinny*
los cojines	*cushions*
¡Dios mío!	*Good heavens!*
el estilo	*style*
de segunda mano	*used (second-hand)*
fíjese	*look, notice*
el televisor	*television set*
la pantalla	*screen*
enorme	*enormous*
seguramente	*most likely*

Dos vecinas, doña Rosita y doña Lola, están mirando por la ventana de la casa de doña Lola. Están observando a la familia Durán que se muda² hoy a la vecindad.³

❖ ❖ ❖

Escoja la mejor respuesta.

1. ...lleva unos pantalones rojos y una blusa transparente.

   a. Doña Rosita   c. La señora Durán

   b. El doctor Durán   d. Doña Lola

2. ...tiene las piernas flacas y lleva unos pantalones cortos.

   a. Doña Rosita   c. La señora Durán

   b. El doctor Durán   d. Doña Lola

3. Para... los Durán tienen muebles de color morado y amarillo.

   a. la sala   c. el dormitorio

   b. la cocina   d. el comedor

_____
¹¡Qué... *What bad taste!*
²se... *is moving*
³ vecindario

4. Para... los Durán tienen muebles muy bonitos de estilo francés.

   a. el baño   c. el dormitorio

   b. la cocina   d. el comedor

5. Las dos amigas creen que los Durán... porque su televisor tiene una pantalla muy grande.

   a. no saben que son las dos   c. ven mucho la televisión

   b. no tienen refrigerador   d. tienen muebles de segunda mano

B. Avisos comerciales en KXET

1. Limpieza a domicilio Espinosa

VOCABULARIO NUEVO

la limpieza	cleaning (noun)
el domicilio	residence
el precio	price
el equipo	equipment
el tiempo libre	free time
el hogar	home
hoy mismo	today

Ahora KXET les presenta un mensaje comercial de sus amigos en Limpieza a domicilio Espinosa.

❖ ❖ ❖

Busque la información.

Limpieza a domicilio Espinosa

1. Limpian con el equipo más _____.

2. Limpian toda la casa por $_____.

3. El número de teléfono es _____.

2. Tienda de Muebles La Habanera

VOCABULARIO NUEVO

ofrecer/ofrece	to offer/offers
los juegos	sets (furniture)
incluir/incluyen	to include/they include
perder/no pierda	to lose, miss/don't miss
recordar/recuerde	to remember/remember

Y ahora un mensaje comercial de la Tienda de Muebles La Habanera.

❖ ❖ ❖

Busque la información.

Tienda de Muebles La Habanera

4. La Tienda de Muebles La Habanera está en la ciudad de _____.

5. Hay juegos de muebles para su dormitorio desde $_____.

6. La tienda está en la Calle _____, número _____.

7. Abren desde las _____ hasta las _____.

C. Aviso comercial: Condominios El Paraíso[1]

VOCABULARIO NUEVO

pagar	*to pay*
el/la dueño/a	*owner*
la residencia	*residence*
la oportunidad	*opportunity*
cómodo/a	*comfortable*
privado/a	*private*

Y ahora KXET le presenta un mensaje de Condominios El Paraíso.

❖ ❖ ❖

Complete los espacios en blanco.

¿Está cansado de pagar el _____[1] cada mes? ¿No le gustaría ser dueño

de su residencia? Condominios El Paraíso le ofrece la oportunidad que usted busca. Nuestros

_____[2] son grandes y cómodos, con tres _____[3] dos

baños y una gran _____[4] con balcón privado. Tienen una

_____[5] moderna y comedor separado. Venga a vernos. Estamos en la Avenida

Mirador del Sur, número _____[6] aquí en Mazatlán. Recuerde, Condominios

El Paraíso le ofrece la oportunidad de disfrutar de su propio hogar.

D. A la abuela le gusta el fútbol

VOCABULARIO NUEVO

dar/darme las gracias	*to give/to thank me*
¡qué va!	*no way!*
el campeonato	*championship*
poder/¿podría?	*to be able to/could I?*
emocionante	*exciting*
mete goles	*scores goals*

---

[1] El... *paradise*

Raúl Saucedo está visitando a su abuela en Arenal, un pueblo cerca de Guadalajara.

¿Quién(es) diría(n) esto, la abuela (A) o Raúl (R)?

1. _____ ¡Ahhh, ni en el restaurante más elegante de San Antonio puedo comer tan bien!

2. _____ Mi abuela debe estar cansada después de hacer esta cena tan deliciosa. Yo voy a lavar los platos.

3. _____ Probablemente va a ver una telenovela con uno de esos actores guapos pero no muy buenos.

4. _____ ¡Qué sorpresa tan agradable, le gusta el mismo equipo que a mí!

5. _____ ¿No quieres ver el partido conmigo?

E. El verano con la abuela

VOCABULARIO NUEVO

divertirse/me divertí mucho	*to have fun/I had a lot of fun*
ir/fuimos	*to go/we went*
el/la aficionado/a	*fan*
increíble	*unbelievable, incredible*
incluso	*even*

Raúl Saucedo está en la cafetería de la Universidad de Texas en San Antonio. Conversa con su amigo Luis Ventura de sus actividades del verano.

Diga si es *cierto* (C) o *falso* (F) lo que expresan los dibujos.

1. _____   2. _____   3. _____

4. _____ 5. _____ 6. _____

F. Las apariencias engañan[1]

VOCABULARIO NUEVO

despacio	*slowly*
perfectamente	*perfectly*
¿De veras?	*Really?*
el/la guía de turistas	*tour guide*
saber/no sabías	*to know/you didn't know*
chau	*bye*
olvidar/no olvides	*to forget/don't forget*

Raúl Saucedo está almorzando en la cafetería de la universidad. Luis llega a su mesa con una amiga rubia que Raúl no conoce.

Complete los espacios en blanco.

1. Raúl habla despacio porque no sabe que Cynthia _____

2. Cynthia aprendió español _____

3. Cynthia estudia en _____ pero en el verano va a _____

4. Raúl invita a Cynthia y a Luis a _____

5. Luis quiere llevar a Cynthia a conocer _____

G. El uruguayo en España

VOCABULARIO NUEVO

el bailarín/la bailarina	*dancer*
a tus órdenes	*at your service*
enamorarse de/me enamoré de	*to fall in love with/I fell in love with*
hacer/hiciste	*to do/you did*
con permiso	*excuse me*

Lugares mencionados

Barcelona	*ciudad en el nordeste de España*
El barrio gótico	*zona en Barcelona donde hay muchos edificios de estilo gótico*
El Parque Güell	*parque en Barcelona con muchas obras del famoso arquitecto Gaudí*

---

[1] Las... *Appearances are deceiving*

La iglesia de la	
Sagrada Familia	*famosa iglesia de Gaudí*
Sagunto	*ciudad al sur de Barcelona donde hay ruinas romanas*
Valencia	*ciudad en la costa este de España*

Alfredo Gil es un joven uruguayo que estudia arquitectura en la Universidad Autónoma de México. Carlos Padilla, que también estudia arquitectura, conoció a Alfredo en la librería de la universidad y lo invitó a una fiesta en su casa.

¿A quiénes corresponden estas descripciones?

1. _____ Estudia arquitectura.
2. _____ Invitó a Alfredo a la fiesta.
3. _____ Baila muy bien.
4. _____ Es de España.
5. _____ Canta y toca la guitarra.
6. _____ Visitó Barcelona el año pasado.
7. _____ Tomó muchas fotos.
8. _____ Le presentó sus amigos a Alfredo.

a. Jorge Ávalos
b. Alfredo Gil
c. Carlos Padilla
d. Maribel Sosa

ESCUCHE Y LEA LA FÁBULA

Los tres cerditos°

Los tres cerditos caminan juntos, llegan al lugar en que el camino° se divide,° se dicen adiós, y cada uno toma su camino y se va a buscar fortuna.

El primer cerdito se encuentra con° un hombre que lleva un atado° de paja.°

—Por favor señor, deme usted un poco de paja para construir mi casa —dice el primer cerdito. El hombre se la da y el cerdito construye° su casa. El segundo cerdito ve a un hombre que carga° palos.°

—Por favor señor, deme usted unos palos para construir mi casa —dice.

El hombre se los da y el cerdito construye su casa.

El tercer cerdito se encuentra con un hombre que lleva ladrillos.°

—Por favor señor, deme usted algunos ladrillos para construir mi casa. El hombre se los da y el cerdito construye una fuerte° casa de ladrillos, con puerta de madera° y chimenea, también de ladrillos.

Al poco tiempo llega el lobo.° Va a la casa de paja del primer cerdito.

—¡Abra la puerta cerdito! —le grita el lobo.

—¡No, no lo dejo° entrar! —dice el cerdito.

Entonces el lobo sopla° y sopla hasta que destruye las paredes de la casa de paja y se come° al pobre cerdito. El lobo sigue su camino y llega a la casa de palos del segundo cerdito.

—¡Abra la puerta cerdito! —le grita el lobo.

—¡No, no lo dejo entrar! —le contesta el segundo cerdito.

Los... The three little pigs

road / se... forks (divides)

se... runs into / bundle / hay

builds

is carrying / sticks

bricks

strong

wood

wolf

no... I won't let you

blows

se... eats up

Entonces el lobo sopla y sopla hasta que destruye las paredes de la casa de palos y se come al pobre cerdito. El lobo sigue su camino y finalmente llega a la casa de ladrillos del tercer cerdito.

    —¡Abra la puerta cerdito gordo! —le grita ferozmente° el lobo.   _fiercely_

    —¡No, no lo voy a dejar entrar! —le contesta el tercer cerdito.

    Entonces el lobo sopla y sopla y sopla pero no puede derribar° la casa de   _knock down_
ladrillos. El lobo está furioso y decide meterse° por la chimenea. El lobo se sube al _get in_
techo de la casa para bajar por la chimenea. Pero el cerdito corre y prepara una
olla° de agua hirviendo° y la pone sobre el fuego° en la chimenea. El lobo baja   _pot / boiling / fire_
por la chimenea, cae° en el agua hirviendo y así termina sus días.°   _falls / termina... dies_

EJERCICIOS DE PRONUNCIACIÓN

I. Pronunciación: _g_ and _gu_

The letter _g_ is usually pronounced soft in Spanish, that is, the back of the tongue is near the roof of the mouth, but never completely closes it off, as it does in the pronunciation of English _g_. Remember that the _u_ in the combinations _gui_ and _gue_ is never pronounced.

A. Listen and repeat the following words, concentrating on a soft pronunciation of the letter _g_.

    diga, estómago, abrigo, traigo, amiga, portugués, elegante, lugar, jugar, pregunta, llegar, hamburguesa, regular

When the letter _g_ is preceded by the letter _n_, it may be pronounced hard as in the English letter _g_ in the word g͟o͟.

B. Listen and repeat the following words with _ng_, concentrating on a hard pronunciation of the letter _g_.

    tengo, pongo, vengo, domingo

C. Listen and then repeat the following sentences, concentrating on the correct pronunciation of the letter _g_.

    1.   Tengo un estómago muy delicado.
    2.   El domingo vamos a un lugar muy elegante para comer.
    3.   Yo me pongo el abrigo cuando hace frío.
    4.   Mañana traigo mi libro de portugués.
    5.   A Gustavo le gusta jugar al tenis.
    6.   Si vas a tocar la guitarra el domingo, no vengo.

II. Pronunciación: _s_

The letter _s_ between vowels is always pronounced with the hissing sound of _s_, never with the buzzing sound of _z_.

Listen and pronounce the following words. Be sure to avoid the _z_ sound.

    Jo͟sé, S͟us͟ana, va͟so, me͟sa, Ro͟sa, Lui͟sa, cami͟sa, pi͟so, espo͟sa

EJERCICIOS DE ORTOGRAFÍA

I. The Combinations *gue* and *gui*

Remember that the letter *g* is pronounced like *j* before the letters *e* and *i*, as in *gente, página*. In order for the letter *g* to retain a hard pronunciation before these vowels, the letter *u* is inserted, as in *portuguesa* and *guitarra*.

Listen and write the following words with *gue* and *gui*.

1. _____   3. _____

2. _____   4. _____

II. Separating Diphthongs

If the ending of a word rhymes with *María* or *frío*, an accent mark must be written on the *i*.

Listen and write the following words with an accent mark on *i*.

1. _____   5. _____

2. _____   6. _____

3. _____   7. _____

4. _____   8. _____

ACTIVIDADES ESCRITAS

Lea *Gramática 5.1–5.2.*

I. La casa, los cuartos y los muebles

A. Haga comparaciones.

MODELO:

Alberto   Esteban   Luis

(más alto que/el más alto de) → *Alberto es más alto que Esteban.*
Esteban es más alto que Luis.
Alberto es el más alto de los tres.

el sofá   el sillón   la mesita

1.

(más grande o más pequeño/a que / el/la más grande o más pequeño/a de)

_____

_____

_____

el abuelo   el hombre   el joven

2.

(mayor o menor que / el mayor o menor de)

_____

_____

_____

el carro   la casa   la bicicleta

3.

(más caro/a o más barato/a que / el/la más caro/a o más barato/a de)

_____

_____

_____

Amanda   Graciela   Ernestito
$1,000 $1,000 $50

4.

(tanto dinero como / no tanto dinero como)

_____

_____

_____

la casa de   la casa de   la casa de
los Ruiz   los Ramírez   los Rivero

5.

(tantas ventanas como / no tantas ventanas como)

_____

_____

_____

el edificio   el edificio   el edificio
Torres   Echeverría   Gonzaga

6.

(tan moderno como / no tan moderno como)

_____

_____

_____

B. Haga comparaciones usando *más/menos... que, (no) tan... como, (no) tanto(s)/tanta(s)... como.*

> MODELO: mi jardín / el jardín de mi madre / flores →
> *Mi jardín no tiene tantas flores como el jardín de mi madre.*

1. mi casa / la casa de mis padres / muebles

_____

_____

2. mi casa / la casa de Magic Johnson / cuartos

_____

_____

3. los muebles de mi dormitorio / los muebles del dormitorio de mi mejor amiga / caros

_____

_____

4. nuestro refrigerador / el refrigerador de nuestro restaurante favorito / grande

_____

_____

5. nuestra sala / la sala de la Casa Blanca (Washington, D.C.) / elegante

_____

_____

C. ¿Mejor o peor? Diga qué es mejor o peor y por qué.

> MODELO: ¿Tener un baño o varios? →
> Es peor tener varios baños porque es difícil limpiar los baños.

1. ¿Vivir en el desierto o vivir en el centro de una ciudad grande?

_____

2. ¿Tener una casa pequeña o una casa grande?

_____

3. ¿Vivir solo/a o con la familia?

_____

4. ¿Poner alfombra o poner piso de madera[1]?

_____

---

[1] piso... *hardwood floor*

5. Comprar una casa con patio grande o un condominio sin patio?

_____

D. Describa el cuarto donde usted duerme. ¿Cómo es el cuarto? ¿Qué muebles hay? ¿Qué le gusta hacer en su cuarto?

_____

_____

_____

_____

_____

_____

_____

II. La casa y el vecindario

A. ¿Qué hacemos en estos lugares?

MODELO: En una discoteca *bailamos.*

1. En una piscina _____.

2. En un café _____.

3. En un balcón _____.

4. En una farmacia _____.

5. En una lavandería _____.

6. En una gasolinera _____.

7. En un centro comercial _____.

8. En un parque _____.

B. Describa un día típico en su casa y en su vecindario con su familia. ¿Qué hace usted con sus padres? ¿con sus hermanos? ¿con sus hijos? ¿Qué hacen juntos los fines de semana?

_____

_____

_____

_____

_____

_____

_____

III. Las actividades en casa

Lea *Gramática 5.3*.

A. Escriba cinco oraciones diciendo quién en su familia tiene la obligación o el deber de hacer estos quehaceres domésticos.

> MODELO: mi hijo / tener que / lavar el carro → *Mi hijo tiene que lavar el carro.*

yo		limpiar la casa
mi madre		cocinar/preparar la cena
mi padre	tener que	pasar la aspiradora
mi(s) hermano(s)	deber	tender las camas
mi(s) hermana(s)	necesitar	sacar la basura
mis abuelos		cortar el césped
mi(s) hijo(s)		ayudar a mamá
mi(s) hija(s)		
nadie		

1. _____

2. _____

3. _____

4. _____

5. _____

B. Diga con qué frecuencia hay que hacer seis de estos quehaceres. Use *hay que* y *es necesario* para indicar obligación; use estas expresiones para indicar la frecuencia: *todos los días, cada noche, cada semana, todos los fines de semana, diariamente, a veces, nunca, muchas veces, a menudo, frecuentemente.* Quehaceres: *barrer el patio, regar las plantas, sacudir los muebles, hacer las compras, bañar el perro*

> MODELO: lavar el carro → *Hay que lavar el carro cada semana.*

1. _____

2. _____

3. _____

4. _____

5. _____

C. Escriba un párrafo sobre sus obligaciones en su casa. ¿Qué tiene que hacer todos los días por la mañana? ¿Tiene que preparar el desayuno? ¿Tiene que lavar los platos? ¿Tiene que tender las camas? ¿Debe pasar la aspiradora? ¿Debe sacudir los muebles? ¿Necesita preparar el almuerzo? Y por la tarde, ¿qué debe hacer? ¿Necesita preparar la cena? ¿Debe sacar la basura de la cocina? ¿Es necesario regar las plantas? ¿Tiene que lavar la ropa? ¿Tiene que plancharla? ¿Tiene algunas otras obligaciones? ¿Cuáles son?

_____

_____

_____

_____

_____

_____

_____

_____

IV. El vecindario y los amigos

Lea *Gramática 5.4.*

A. Los recuerdos. Diga si hizo estas actividades o no el día de su último cumpleaños.

>   MODELO: ¿Bailó? → *Sí, bailé mucho en una fiesta en mi casa.*

1. ¿Se levantó temprano? _____

2. ¿Asistió a clases o se quedó en casa? _____

3. ¿Estudió para su clase de español? _____

4. ¿Visitó a sus amigos o parientes? _____

5. ¿Limpió su casa? _____

6. ¿Recibió regalos? _____

7. ¿Cenó en su restaurante favorito? _____

8. ¿Comió algo especial? _____

B. Las actividades de los sábados. Conteste estas preguntas para describir lo que hizo usted el sábado pasado: ¿Se levantó temprano? ¿Se duchó? ¿Se lavó el pelo? ¿Desayunó? ¿Sacudió los muebles? ¿Pasó la aspiradora? ¿Barrió el patio? ¿Descansó antes de almorzar? ¿Escribió una carta o una composición para su clase de español? ¿Dónde almorzó? ¿Con quién? Y por la tarde, ¿habló por teléfono con un(a) amigo/a? ¿Estudió? ¿Salió a bailar o al cine? ¿A qué hora se acostó?

_____

_____

_____

_____

_____

_____

_____

_____

_____

_____

_____

V. Las presentaciones

Lea *Gramática 5.5–5.6.*

A. Complete el diálogo presentándole un amigo a una amiga.

YO: Elena, _____ a mi amigo Marcos.

MARCOS: _____, Elena.

ELENA: _____.

B. Escriba un pequeño diálogo presentándole un/a nuevo/a amigo/a a su abuelo/a.

_____

_____

_____

_____

_____

LECTURAS ADICIONALES

Nota cultural
Las posadas

¿Qué actividades tradicionales hacen en su casa para la Navidad? ¿Hay alguna tradición especial en su familia? En México muchas personas participan en las festividades de «las posadas». Durante las posadas se representan los eventos bíblicos de la primera Navidad. ¿Conoce usted esta tradición mexicana?

Un día después de los exámenes finales Raúl Saucedo invita a su amigo Esteban Brown a pasar las vacaciones de Navidad en Arenal, con su familia. Raúl le dice que podrían° ver las «posadas».[1]

they could

—¿Las posadas? —pregunta Esteban.

—Sí, es una fiesta religiosa muy popular en México.

—¿Cómo es esa fiesta?

—Mira, la tradición empezó con José y María, cuando los dos buscaban alojamiento,° porque el niño Jesús pronto iba a nacer.° Cada noche, entre el 16 y el 24 de diciembre, los niños llevan velas° y cantan una letanía° mientras van de casa en casa tocando la puerta y pidiendo hospedaje.°

buscaban... looked for lodging / iba... was going to be born
candles / litany
lodging

—¿De casa en casa?

—Sí, van de casa en casa por la vecindad, como lo hicieron los padres de Jesucristo. Cada noche entran en una casa seleccionada con anterioridad;° allí se les ofrece refrescos, tamales, buñuelos,° dulces, y a veces rompen una piñata...

seleccionada... previously selected
fritters

—Hummmm... me está gustando° la idea...

me... I'm beginning to like

—Esteban, tienes que venir conmigo. No vamos a gastar mucho dinero y ¡cómo nos vamos a divertir! Podemos quedarnos en casa de mi abuela. ¿Te acuerdas de ella?

—¡Claro! Me has hablado° mucho de tu abuela.

Me... You've told me

—No hay persona más alegre en las fiestas. Me gusta mucho pasar las Navidades con ella. Siempre cantamos villancicos° y ella prepara turrón,° rompope,[2] buñuelos, todas esas cosas ricas que se hacen para la Navidad. Mi abuela es una mujer muy moderna...

Christmas carols / nougat candy

—¡Ya lo sé!

—Sí, pero en los días de Navidad ella es la más tradicional de las abuelas mexicanas. En fin, ¿qué dices, Esteban? ¿Aceptas la invitación?

—¡Claro que la acepto!

COMPRENSIÓN

Ponga en el orden correcto, según la descripción de Raúl.

_____ Las posadas comienzan el dieciséis de diciembre.

_____ Los niños llevan velas y cantan una letanía cada noche.

_____ A veces rompen una piñata.

_____ Van de casa en casa, tocando la puerta.

_____ La tradición empezó con José y María cuando buscaban alojamiento.

_____ Toman refrescos; comen tamales, buñuelos y dulces.

_____ Entran en una casa seleccionada con anterioridad.

---

[1] «Posada» es otra palabra para «hotel».
[2] bebida típica de México, hecha con huevos y ron; comparable al *eggnog*

AHORA... ¡USTED!

1. ¿Pasa usted la Navidad con sus parientes? ¿Viaja? ¿Adónde va?

   _____

2. ¿Qué cosas hacen por tradición en su casa para la Navidad?

   _____

UN PASO MÁS...

¿Hay alguna tradición especial en su familia? Imagínese que tiene que describirle a un(a) estudiante hispano/a lo que se hace en los Estados Unidos para la Navidad u otro día feriado. Escriba un diálogo como el de Raúl y Esteban para explicar cómo es su tradición.

_____

_____

_____

Los vecinos
Los «grandes» problemas de Ernestito

En su opinión, ¿es más fácil ser niño que adulto? ¿Le gustaría ser niño/a otra vez? ¿Por qué (no)? ¿Qué problemas tienen los niños normalmente?

Ernestito está cansado de obedecer° a sus padres. «Siempre me están dando órdenes», protesta el niño. Por eso, a veces prefiere escaparse a un mundo imaginario donde no tiene que escuchar las órdenes de su mamá.

 —¡Ernestito! ¡Levántate ahora mismo! ¡Vas a llegar tarde a la escuela! ¡Ándale!° Tienes que recoger tus juguetes. No dejes° tu ropa en el piso. ¡Ernestito! ¿Dónde estás, chamaquito°?

 «Mi madre no me comprende», piensa el niño. «Tengo solamente ocho años, pero ya° quiero hacer mis propios planes, ¡vivir mi propia vida! Yo también tengo problemas, como los adultos, y quiero que me traten de igual a igual.° Mis problemas son grandes... No comprendo las matemáticas y no me gusta hacer la tarea. Luego la maestra se enoja° conmigo porque no estudio y porque a veces sueño despierto° en la clase. Pero, ¿qué tiene de malo soñar°?»

 —¡Ernestito! —es la voz de Estela.

 «¡Caray!° Ya me está llamando mi madre. A veces me gustaría hacerme el sordo.° O mejor, ¡ser invisible! Un día les voy a decir a mis padres ¡basta!° y voy a iniciar el Movimiento de liberación de los niños oprimidos°...»

 —¡Ernestito! ¡¿Dónde estás?!

 «¡Ah! ¡Qué grandes problemas tengo!»

obey

Hurry up! (Mex.) / No... Don't leave
little boy (Mex.)

already
de... as an equal

se... gets upset
sueño... I daydream / to dream

Darn!
hacerme... pretend to be deaf / enough!
oppressed

COMPRENSIÓN

Las siguientes oraciones son falsas. Sustituya las palabras incorrectas por las correctas para decir la verdad.

MODELO: Ernestito está *contento* de obedecer a sus padres. →
Ernestito está *cansado* de obedecer a sus padres.

1. A veces Ernestito prefiere escaparse a otro mundo *real*.

   _____

2. La madre de Ernestito le dice, «No dejes tu ropa *debajo de la cama*».

   _____

3. Ernestito quiere que sus padres lo traten *como niño*.

   _____

4. La maestra *se alegra* cuando Ernestito sueña despierto en la clase.

   _____

5. Ernestito piensa que va a iniciar el Movimiento de *opresión* de los niños.

   _____

6. Según Ernestito, sus problemas son *normales y pequeños*.

   _____

AHORA... ¡USTED!

1. En su opinión, ¿son «grandes» los problemas de Ernestito? ¿Son característicos de un niño de ocho años?

   _____

2. ¿Qué problemas recuerda usted de su infancia? Mencione alguno.

   _____

UN PASO MÁS...

Usted es el maestro (la maestra) de Ernestito y tiene que escribir un informe de su conducta para el director de la escuela. Ernestito ha causado algunos problemas en su clase. Mencione en su informe cuatro de estos problemas.

Sr. Director:

1. Ernestito no hace su trabajo. Siempre sueña despierto.

2. _____

3. _____

4. _____

5. _____

Capítulo **6**

ACTIVIDADES DE COMPRENSIÓN

A. Con la abuela todo es posible

VOCABULARIO NUEVO

terminar/terminó   *to end/it ended*
el/la invitado/a   *guest*

Raúl Saucedo está en la Ciudad de México para pasar las vacaciones de Semana Santa con su familia. Decide llamar a su abuela en Arenal para saludarla.

Complete correctamente las oraciones según el diálogo. Estos son los verbos que necesita (están en orden alfabético): *bailó, dijo (dos veces), empezó, fue, llamó, llegó, pasó, salió, terminó.*

1. La abuela _____ a una fiesta anoche y _____ mucho.

2. Raúl _____ varias veces a su abuela ayer.

3. La abuela _____ de su casa a las 7:00 de la noche y _____ a las

    5:00 de la mañana.

4. Después de la fiesta, la abuela _____ media hora charlando con don Enrique.

5. Raúl _____: —Abuela, con usted todo es posible.

6. La abuela _____: —¡Qué bueno, porque no quiero ser una vieja típica y aburrida!

B. ¡Qué fin de semana!

VOCABULARIO NUEVO

sin permiso   *without permission*
el golpe   *blow*
chocar/choqué   *to crash/I crashed*
ponerse/se puso furioso   *to become/became furious*
el daño   *damage*

¡Qué susto!	*What a scare!, How frightening!*
desconsiderado/a	*inconsiderate, thoughtless*
arruinar/arruinó	*to ruin/ruined*
¡Pobre de ti!	*You poor thing!*
celoso/a	*jealous*
dejar/te dejó plantado/a	*to stand someone up/stood you up*

Es domingo por la noche y Amanda está hablando por teléfono con su amiga Graciela.

Escoja la(s) mejor(es) respuesta(s). ¡OJO! A veces hay más de una respuesta correcta.

1. El padre de Amanda está furioso porque...

    a. Amanda manejó el carro sin su permiso.

    b. el daño al carro fue muy serio.

    c. Amanda chocó contra la pared con el carro de su papá.

    d. cuando se duchó no encontró champú.

2. Otros problemas de Amanda son que...

    a. no pudo lavarse el pelo.

    b. el gato le arruinó su mejor vestido.

    c. su novio la dejó plantada.

    d. Graciela no usó su imaginación.

3. Roberto...

    a. le escribió una carta a Amanda.

    b. a veces llama a Amanda.

    c. también está enojado con Amanda.

    d. encontró la carta.

4. Probablemente Ramón...

    a. es gordo.

    b. está celoso.

    c. es tímido.

    d. está enfermo.

C. Una cuestión de buen gusto[1]

VOCABULARIO NUEVO

el terror	*terror*
la heladería	*ice cream parlor*
encontrarse/nos encontramos	*to meet/we met*
te ves preocupado	*you look worried*
pasar/¿Te pasa algo?	*to happen/Is something wrong?*

Silvia Bustamante está a la puerta de la librería de la UNAM, esperando a su novio, Carlos Padilla. Conversa con Alfredo Gil, un amigo uruguayo que tiene fama de «don Juan».

¿Con quién asocia usted esta información, con Alfredo (A), con Silvia (S) o con Maribel (M)?

1. _____ No estuvo en casa ayer.

2. _____ Estudió casi todo el día.

3. _____ Fue al cine.

4. _____ No le gustó la película.

5. _____ Se durmió en el cine.

6. _____ Estuvo en la heladería.

7. _____ Tiene muy buen gusto, según Silvia.

8. _____ Se preocupó cuando oyó que Maribel es «amiga» de Jorge.

D. Vivita y coleando[2]

VOCABULARIO NUEVO

meterse al agua	*to go in the water*
tibio/a	*warm*
salvar/salvó	*to save/saved*
ahogarse/ahogándome	*to drown/drowning*
la tontería	*foolishness*
la ola	*wave*
volcar/me volcó	*to overturn/it overturned me*
perder/perdí conciencia	*to lose/I lost consciousness*
tragar/tragaste	*to swallow/you swallowed*

Lugar mencionado

Condado   *playa muy popular en una zona turística de San Juan, Puerto Rico*

---

[1] buen... *good taste*
[2] Vivita... *Alive and kicking*

Es domingo y son las diez de la mañana en Puerto Rico. Carla Espinosa está hablando con su amigo Rogelio.

¿*Cierto* (C) o *falso* (F)? Si la oración es falsa, escriba una correcta.

1. _____ Ayer Rogelio no habló con Carla porque él pasó todo el día en la playa.

   _____

2. _____ En la playa hizo muy mal tiempo y el agua estaba fría.

   _____

3. _____ Carla no entró en el agua porque no sabe nadar.

   _____

4. _____ Un amigo de Jorge sacó a Carla del agua porque ella estaba enferma.

   _____

E. Estela necesita un médico

VOCABULARIO NUEVO

el desorden	*mess*
tampoco	*neither*
las patas	*paws*
lleno/a	*full*
el lodo	*mud*
tumbar/tumbaron	*to knock down/knocked down*

Hace tres días Estela Ramírez tuvo que ir a Guadalajara, a ver a su madre enferma. Anoche Estela regresó a casa muy tarde y se acostó inmediatamente. Hoy, temprano en la mañana del domingo, Estela está en la cocina, con su familia.

¿Cuál es la escena verdadera?

1. _____ El sábado en la noche.

2. _____   El viernes en la mañana.

3. _____   El viernes en la tarde.

4. _____   También el viernes en la tarde.

5. _____   Domingo en la mañana.

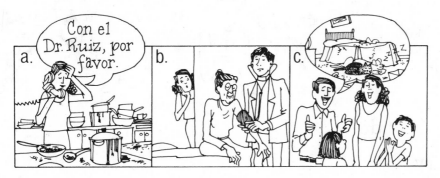

F. Asalto[1] al Banco Latinoamericano

VOCABULARIO NUEVO

acercarse/se acercó	*to approach/approached*
pedir/pidiendo	*to ask for/asking for*
a mano	*on hand*
el/la gerente	*manager*
disparar/disparó	*to shoot/shot*
echarse/me eché	*to throw oneself/I threw myself*
esquivar	*to dodge*
ileso/a	*unharmed*
el/la herido/a	*wounded person*
el/la asaltante	*assailant*
el fracasado robo	*foiled robbery*
la cárcel	*prison*

Y ahora, en SIB, un reportaje en vivo,[2] desde el Banco Latinoamericano aquí en Miami.

❖   ❖   ❖

Reconstruya el reportaje poniendo estos dibujos en orden cronológico.

G. Noticias del mundo

VOCABULARIO NUEVO

estallar/estalló	*to explode/exploded*
resultar/resultaron	*to result/resulted*
dañado/a	*damaged*

---

[1] *Attack, Hold up*
[2] reportaje... *live report*

herido/a	*wounded*
las autoridades	*authorities*
declarar/declararon	*to declare/they declared*
al aire libre	*outdoors*
el éxito	*success*
destacarse/se destaca	*to stand out/stands out*
inaugurarse/se inauguró	*to inaugurate/was inaugurated*
la exposición	*exhibit*

Aquí Julio Delgado con las noticias del día de hoy, 15 de agosto.

Complete los espacios en blanco.

Esta tarde en Bogotá, capital de Colombia, estalló una _____[1] en un

popular _____[2] del centro de la ciudad. Varios _____[3]

y autos estacionados enfrente del _____[4] resultaron dañados.

Afortunadamente no hubo _____[5] heridas. Las autoridades declararon a los

narcotraficantes _____[6] de este acto, y dijeron que no van a

_____[7] hasta encontrarlos.

El Papa Juan Pablo II _____[8] esta mañana a Costa Rica para una visita de

tres días. A su llegada, el Papa celebró una misa al aire libre. Más de 25.000 personas

_____[9] a la ceremonia.

Hoy se inauguró en Madrid el Primer Festival de _____[10] Iberoamericano.

El cine _____[11] está teniendo un gran éxito en todo el mundo; entre sus

jóvenes directores se destaca Pedro Almodóvar, _____[12] de la divertida

_____[13] «Mujeres al borde de un ataque de nervios».

También en Madrid, se inauguró hoy en el Museo del Prado la exposición «Reliquias del

Descubrimiento».[a] La histórica exposición presenta, entre otras cosas, objetos y diarios que

documentan los viajes que hicieron Cristóbal Colón[b] y Hernán Cortés[c] al

_____[14] Mundo.

Y éstas son las noticias del mundo hispano de hoy. Escúchenos mañana a la misma

_____.[15] Informó su amigo, Julio Delgado.

---

[a] «Reliquias... *Relics from the Discovery (of America)*
[b] *Christopher Columbus*
[c] Spanish conquerer of Mexico

H. Un viaje al Gran Cañón

Parte I

VOCABULARIO NUEVO

sonreír/¡Sonría!	to smile/Smile!
el/la explorador(a)	explorer
bajar/¿Quién baja conmigo?	to go down/Who is going down with me?
el fondo	bottom
angosto/a	narrow
demostrar	to demonstrate
¡Que traigan ese burro!	Let them bring that donkey!
criar/me crié	to bring up/I was brought up
caerse/¡Se va a caer!	to fall down/You are going to fall down!
la expedición	expedition
la bolsa de dormir	sleeping bag
Que descanse.	May you rest.
merecer/¡Se lo merece!	to deserve/You deserve it!

Es un día de sol en Arizona. Frente a nosotros: el Gran Cañón. Vemos a Raúl Saucedo, a sus padres, a su abuela y a sus hermanas. Están todos de vacaciones en los Estados Unidos. En este momento Raúl le está tomando una foto a la abuela.

Ponga estas frases en orden cronológico para hacer un resumen de la selección.

_____ Prepararon sus bolsas de dormir y se acostaron.

_____ La abuela y Javier regresaron muy cansados del viaje al fondo del cañón.

_____ Raúl dijo: «Sonría» y le tomó una foto a su abuela.

_____ La abuela y Javier bajaron solos al fondo del Gran Cañón.

_____ Comieron.

Parte II

VOCABULARIO NUEVO

la luna llena	full moon
el coyote	coyote
roncar/ronca	to snore/he/she snores
morder	to bite
gritar/gritando	to yell/yelling
la arruga	wrinkle
el aullido	howl

Más tarde todos están durmiendo, excepto Raúl.

Ponga las frases en orden cronológico.

_____ Raúl tuvo miedo cuando vio al coyote acercarse a la abuela.

_____ Raúl oyó el aullido de un coyote.

_____ La familia no creyó la historia del coyote.

_____ Raúl se quedó despierto disfrutando de la luna llena.

_____ El coyote se fue.

ESCUCHE Y LEA LA LEYENDA[1]

El conejo es el juez
Leyenda maya

En los días de una terrible sequía° los arroyos, los lagos y los ríos se secaron y los peces° y las ranas° no pudieron huir a los arroyos° distantes, ni a otros ríos o lagos, y se murieron. Un niño que pasaba por un arroyo seco° vio un lagarto° moribundo,° sufriendo para respirar. Sin pensarlo dos veces, llevó al lagarto a una charca° cerca de un río.

drought
fish / frogs / brooks
dry / alligator
dying
pool

Tiempo después, el niño quiso nadar allí. En cuanto° entró el niño a la charca, el lagarto se preparó para comérselo.

En... As soon as

—Voy a comerte —le dijo— porque tengo mucha hambre.

—Señor lagarto —dijo el niño—, ¿no sabe quién soy yo? Yo le hice un favor, le salvé la vida.°

le... I saved your life

—Yo no sé de qué hablas —dijo el lagarto—. Yo no reconozco favores pasados. Sólo sé que tengo hambre y voy a comerte.

_____
[1] *legend*

—No, no —dijo el niño—. Los favores no deben olvidarse° nunca.   *be forgotten*

Un conejo° escuchó la conversación y ofreció intervenir como juez. Llamó a   *rabbit*
tres testigos:° el perro, el venado° y el caballo. El conejo dijo: —Señor perro, ¿qué   *witnesses / deer*
dice usted? ¿Quién tiene razón,° el niño o el lagarto?   *¿Quién... Who is right?*

—Pues —dijo el perro muy serio—, este niño es hijo de un hombre... y el
hombre en general es cruel. Me obliga a correr tras el venado. No le importa si
estoy cansado o si tengo que correr entre las espinas°... El hombre es malo.   *thorns*

El conejo escuchó al perro y luego miró al niño. El niño estaba preocupado.

—Y usted, señor venado, ¿qué dice? ¿Quién tiene razón?

El venado miró al niño primero, luego al perro y dijo lentamente:° —Sí, el   *slowly*
hombre es cruel. Para él yo solamente soy comida. Obliga al perro a perseguirme.
Tengo que estar siempre alerta, nunca puedo descansar; no puedo dormir ni de
día ni de noche. El hombre significa insomnio y miedo para mí.

El conejo escuchó al venado. Luego miró al niño. El niño estaba triste.

—Y usted, señor caballo, ¿qué dice? ¿Quién tiene razón?

El caballo miró al niño y dijo: —Mis hermanos tienen razón. El hombre me
azota.° Nunca me pregunta si estoy cansado o enfermo, si puedo o no llevar la   *me... beats me*
carga. Además, si no galopo tan rápido como él desea, me azota y me insulta. El
hombre es cruel y egoísta.

El conejo miró al niño. Tenía miedo y era muy pequeño. Miró al lagarto. Era
bastante grande y estaba listo° para devorar° al niño. El conejo dijo: —Bueno, soy   *estaba... was ready / to*
el juez y quiero ser justo... Señor lagarto, ¿por qué no me permite ver si es verdad   *devour*
que lo salvó° el niño? A ver... ¿dónde está la red?°   *lo... saved you / net*

El niño acercó la red. El conejo juez dijo: —Quiero ver exactamente todo lo
que pasó. El lagarto, pensando en el delicioso banquete que le esperaba, se metió°   *se... climbed into*
en la red y dijo: —Rápido que tengo hambre.

El niño lo llevó al arroyo seco.

—Bien —dijo el lagarto—. Ahora llévame de nuevo° a la charca porque tengo   *de... again*
mucha hambre...

—No —dijo el niño—, lo siento. Usted no sabe ser un buen amigo.

EJERCICIOS DE PRONUNCIACIÓN

I. Pronunciación: z, ce, ci

Most Spanish speakers pronounce the letter z and the letter c before e and i exactly as they pronounce the letter s.

A. Listen and pronounce the following words. Avoid any use of the sound of the English z.

cabeza, brazos, luz, azul, zapatos, tiza, diez, trece, edificio, independencia, recepcionista

In some areas of Spain, the letter z and the letter c before e and i are distinguished from the letter s by pronouncing z and c with a sound similar to the English sound for the letters *th* in <u>thin</u> and <u>thick</u>.

B. Listen to a speaker from Spain pronounce these words.

cabe<u>z</u>a, bra<u>z</u>os, lu<u>z</u>, a<u>z</u>ul, <u>z</u>apatos, ti<u>z</u>a, die<u>z</u>, tre<u>c</u>e, edifi<u>c</u>io, independen<u>c</u>ia, re<u>c</u>ep<u>c</u>ionista

II. Pronunciación: *l*

In Spanish the letter *l* is pronounced almost the same as the English *l* in <u>leaf</u>, but it is not at all similar to the American English *l* at the end of <u>call</u>.

A. Listen and pronounce the following words. Concentrate on the correct pronunciation of the letter *l*.

co<u>l</u>or, fútbo<u>l</u>, tradiciona<u>l</u>, españo<u>l</u>, <u>l</u>entes, abri<u>l</u>, hospita<u>l</u>, fáci<u>l</u>, aque<u>l</u>, pape<u>l</u>es

B. Listen and pronounce the following sentences. Pay special attention to the correct pronunciation of the letter *l*.

1. ¿Vas a ir al hospital a ver a Miguel?
2. Mi automóvil está al lado de aquel edificio.
3. En abril no hace mal tiempo aquí.
4. ¿Cuál es tu clase favorita, el español?
5. ¿Quieres comprar papel azul o blanco?
6. Este edificio es muy moderno; aquél es más tradicional.

EJERCICIOS DE ORTOGRAFÍA

I. The Letters *s* and *z*; The Combinations *ce* and *ci*

The letters *s*, *z*, and the letter *c* before the letters *e* and *i* are pronounced identically by most speakers of Spanish. When writing, it is necessary to know which of these letters to use.

A. Practice writing the words you hear with the letter *s*.

1. _____   4. _____
2. _____   5. _____
3. _____

B. Practice writing the words you hear with the letter *z*.

1. _____   4. _____
2. _____   5. _____
3. _____

C. Practice writing the words you hear with the letter *c*.

1. _____   4. _____
2. _____   5. _____
3. _____

II. Stress on Preterite Verb Forms

Two of the preterite verb forms (the form indicating I and the form indicating he/she/it/you) carry a written accent mark on the last letter. The accent mark is needed because these forms end in a stressed vowel.

A. Listen to the following past tense verbs and write each correctly with an accent mark.

1. _____   6. _____

2. _____   7. _____

3. _____   8. _____

4. _____   9. _____

5. _____   10. _____

None of the forms of preterite verbs with irregular stems are stressed on the last syllable and consequently they are not written with an accent mark.

B. Listen and write the following past tense verbs.

1. _____   5. _____

2. _____   6. _____

3. _____   7. _____

4. _____

III. Orthographic Changes in the Preterite

Some verbs have a spelling change in certain past tense forms.

In verbs that end in -car, c changes to qu in the past tense forms that end in -e in order to maintain the k sound of the infinitive. Common verbs in which this change occurs are *sacar* (to take out), *buscar* (to look for), *tocar* (to touch; to play an instrument), *comunicar* (to communicate), *explicar* (to explain), *secar* (to dry). Compare these verb forms:

yo saqué	yo busqué	yo toqué	yo sequé
él sacó	él buscó	él tocó	él secó

In verbs that end in -gar, g changes to gu in the past tense forms that end in -e in order to maintain the g sound of the infinitive. Common verbs in which this change occurs are *entregar* (to hand in), *jugar* (to play), *llegar* (to arrive), *navegar* (to sail), *obligar* (to oblige), *pagar* (to pay), *apagar* (to turn off), *regar* (to water [plants]). Compare these verb forms:

yo pagué	yo jugué	yo llegué	yo obligué
él pagó	él jugó	él llegó	él obligó

In verbs that end in -zar, z changes to c before e. Common verbs in which this change occurs are *abrazar* (to embrace), *almorzar* (to have lunch), *comenzar* (to begin), *cruzar* (to cross), *empezar* (to begin), *rechazar* (to reject), and *rezar* (to pray). Compare these verb forms:

yo crucé	yo almorcé	yo empecé	yo comencé
él cruzó	él almorzó	él empezó	él comenzó

Note that in the verb *hacer*, the *c* changes to *z* before *o* in order to maintain the same sound as in the infinitive.

    yo hi*ce*   él hi*zo*

In verbs that end in *-uir* (but not *-guir*), *i* changes to *y* whenever it is unstressed and between vowels. Common verbs in which this change occurs are *concluir* (to conclude), *construir* (to construct), *destruir* (to destroy), *distribuir* (to distribute), *huir* (to flee), *incluir* (to include). Compare these verb forms:

yo	construí	concluí	distribuí
él	construyó	concluyó	distribuyó
ellos	construyeron	concluyeron	distribuyeron

Note the same change in the verbs *caer*, *creer*, and *leer*.

yo	caí	creí	leí
él	cayó	creyó	leyó
ellos	cayeron	creyeron	leyeron

A. Listen to the sentences and write them correctly. Pay close attention to the spelling of past tense verbs and to the correct use of accent marks.

1. _____
2. _____
3. _____
4. _____
5. _____
6. _____
7. _____
8. _____
9. _____
10. _____

B. Now listen to a mixture of past tense verbs and write them correctly using a written accent when needed.

1. _____	6. _____	11. _____
2. _____	7. _____	12. _____
3. _____	8. _____	13. _____
4. _____	9. _____	14. _____
5. _____	10. _____	15. _____

ACTIVIDADES ESCRITAS

I. Mis experiencias

Lea *Gramática 6.1–6.3.*

A. Un compañero (Una compañera) de su clase de español le pregunta si usted va a hacer estas cosas. Dígale que usted ya las hizo *ayer* (*anteayer, anoche, la semana pasada*, etcétera).

> MODELO: ¿Vas a hacer tu tarea de español esta noche? → *No. Ya hice mi tarea ayer.*

1. ¿Vas a estudiar esta noche?

   _____

2. ¿Vas a ver una película mañana en la noche?

   _____

3. ¿Vas a visitar a tus padres este fin de semana?

   _____

4. ¿Vas a hacer ejercicio conmigo ahora?

   _____

5. ¿Vas a ir de compras el sábado?

   _____

B. Escriba una lista de las cosas que usted hizo ayer, desde que se levantó por la mañana hasta que se acostó por la noche.

> MODELO: Me desperté a las 7:30. Me levanté 10 minutos más tarde. Luego me bañé y me puse la ropa. Entonces...

_____

_____

_____

_____

_____

C. Piense en el fin de semana pasado. Escriba lo que usted hizo y el lugar donde hizo estas actividades.

> MODELO: Visité a mi hermano/a y jugué con mis sobrinos en el parque. Luego...

_____

_____

_____

_____

_____

_____

II. Las experiencias con los demás

Lea *Gramática 6.4–6.5.*

A. ¿Qué actividades hicieron estas personas ayer? Incluya por lo menos tres actividades.

> MODELO: Mi mamá → *Mi mamá trabajó en su oficina, leyó el periódico y preparó la cena.*

1.   mi hermano/a

_____

2.   mi mejor amigo/a

_____

3.   Julio Iglesias

_____

4.   mis padres/hijos

_____

5.   mi profesor(a) de español

_____

B. Cuente lo que hizo un buen amigo (una buena amiga) el fin de semana pasado.

_____

_____

_____

_____

_____

_____

_____

_____

_____

C.   Usted está hablando con Adriana Bolini. Ella acaba de llegar de un viaje a San Francisco, Seattle, Chicago, Atlanta, Nueva York y Miami. Hágale preguntas acerca de su viaje a los Estados Unidos. Use los verbos *ver, visitar, comer, hacer, sacar fotos, acampar, nadar, hablar, pasear, ir.*

> MODELO: ¿Viste las cataratas del Niágara?

_____

_____

_____

_____

_____

D. Supongamos que usted y su esposo/a tuvieron que viajar fuera de la ciudad. Su hijo de dieciséis años se quedó solo en casa. Son las diez de la noche y usted está preocupado/a. Lo llama por teléfono y le hace muchas preguntas. Hágale preguntas a su hijo para saber qué hizo todo el día; si asistió a la escuela, si hizo su tarea, etcétera. Use verbos como _asistir, estudiar, hacer, almorzar, tender la cama, sacar la basura, practicar, ir a trabajar._

> MODELO: ¿Llegaste a tiempo a la escuela?

_____

_____

_____

_____

_____

_____

_____

E. Escriba sobre algo que hizo con otra(s) persona(s). Piense, por ejemplo, en un día especial, un día en el que se divirtió mucho con otra(s) persona(s). ¿Por qué fue especial? ¿Con quién(es) lo pasó? ¿Qué hicieron?

_____

_____

_____

_____

_____

_____

_____

_____

_____

_____

III. Los hechos en el pasado

Lea _Gramática 6.6._

A. ¿Cuánto tiempo hace que hizo las siguientes actividades?

> MODELO: ¿Cuánto tiempo hace que lavó el carro? →
> _Hace dos semanas que lavé el carro._

¿Cuánto tiempo hace que...

1. ...se graduó en la escuela secundaria?

   _____

2. ...conoció a su profesor(a) de español?

   _____

3. ...limpió su casa?

   _____

4. ...fue al cine con su novio/a?

   _____

5. ...se divirtió mucho con sus amigos?

   _____

B. Piense en sus compañeros de clase. ¿Qué actividades hicieron ellos?

   MODELO: hace diez días → *Elena fue a visitar a sus padres hace diez días.*

1. hace dos días

   _____

2. hace tres años

   _____

3. hace diez años

   _____

4. hace treinta segundos

   _____

5. hace una semana

   _____

C. Una actividad creativa. Invente un mito[1] o una leyenda para explicar uno de los siguientes fenómenos naturales.

1. por qué tiene el conejo tan grandes las orejas:

   Dios creó al conejo con orejas muy pequeñas pero un día hace mucho tiempo... _____

   _____

2. por qué los gatos no pueden volar:

   Hace miles de años los gatos podían[2] volar como los pájaros pero un día un gato... _____

   _____

---

[1] *myth*
[2] *could, were able to*

3. por qué los pájaros cantan pero no hablan:

Al principio los pájaros podían estar en el cielo[1] y en la tierra. También podían hablar con la gente.

Todo cambió porque un día un pájaro... _____

4. ¿ ?

Hacé muchos años... _____

LECTURAS ADICIONALES

Los amigos hispanos
Una fiesta sorpresa (parte 1)

¿Dio usted alguna vez una fiesta sorpresa? ¿Se divirtió? En esta lectura Carla Espinosa, una estudiante puertorriqueña, va a contarle (*tell you about*) una experiencia divertidísima que tuvo anoche. La experiencia tiene que ver (*has to do*), claro, con una fiesta...

Anoche hicimos una fiesta estupenda para mi amigo Rogelio Varela. Era° su cumpleaños y estoy segura que nunca se va a olvidar de la sorpresa que le dimos.

Llamé a Rogelio por la mañana para invitarlo al cine a ver una nueva película española. Decidimos encontrarnos° por la noche en su casa, a las siete. El plan original (¡qué plan!) era salir con él para darles a todos nuestros amigos la oportunidad de entrar a su apartamento y esperarlo para darle una sorpresa.

Llegué a la casa de Rogelio bastante temprano y él no estaba° listo, claro. «Espérame unos quince minutos. ¡No tardo nada!»° me dijo, y se metió a la ducha. Yo aproveché° la oportunidad y llamé por teléfono a nuestros amigos, los «cómplices». Todos se habían reunido° en el apartamento de David, en el mismo barrio donde vive Rogelio. Llegaron en seguida y fuimos directamente al baño. Tocamos varias veces a la puerta; Rogelio abrió la puerta todo mojado° y envuelto° en una toalla.

¡Pobre Rogelio! Nunca vi a nadie tan sorprendido en mi vida: rojo como un tomate y con una expresión tan extraña en la cara: ¿vergüenza?° ¿miedo? ¿rabia?° ¿deseos de echar a correr°? No dijo ni una sola palabra. En cuestión de segundos cerró con fuerza la puerta del baño y no salió por un rato. Luego apareció completamente vestido y dispuesto° a divertirse. ¡Y cómo nos divertimos!

Mucho más tarde, cuando nos despedimos, Rogelio me dijo que estaba muy agradecido,° que nunca había tenido° una sorpresa como ésa. Luego, riéndome a carcajadas° le describí la cara que puso° cuando salió del baño y nos vio a todos. Y él, también riéndose y en tono de broma,° me dijo: «¡Otra sorpresa como ésta y te mato°!»

It was

to meet

was
¡No... I won't be long!
I took advantage of
se... had met

wet
wrapped

embarrassment / rage
echar... start running

ready

grateful / había... had had
a... loudly / la... the face he made
en... jokingly
te... I'll kill you

---

[1] *heaven*

COMPRENSIÓN

Ponga en el orden correcto.

_____ Carla llegó temprano a casa de Rogelio.

_____ Carla llamó a Rogelio para invitarlo al cine.

_____ Rogelio entró al baño.

_____ Todos los amigos llegaron.

_____ Carla llamó a todos los amigos.

_____ Rogelio salió del baño.

_____ Todos se divirtieron en la fiesta sorpresa.

_____ Rogelio dijo: «Espérame unos quince minutos».

AHORA... ¡USTED!

¿Le dio alguien a usted una fiesta sorpresa alguna vez? ¿Cómo reaccionó? ¿Recibió regalos? ¿Qué hicieron en la fiesta?

_____

_____

Los amigos hispanos
Una fiesta sorpresa (parte 2)

Cada historia tiene varias perspectivas. Ahora Rogelio da su propia versión de la fiesta sorpresa. ¿Piensa usted que a él le gustó? ¿Cómo se sintió?

Mi amiga Carla me llamó ayer por la mañana. «¡Carla, hoy es sábado! ¿Por qué me despiertas tan temprano?» le dije medio en broma.° Carla me felicitó por mi cumpleaños; luego me habló de una nueva película española, muy buena, y me preguntó si quería° ir con ella a verla. Le respondí que sí, cómo no, y decidimos encontrarnos esa noche a las siete en mi apartamento. Qué extraño, pensé, por lo general yo la busco° a ella en su casa.

Carla llegó a las seis y, por supuesto, yo no estaba° listo. Le serví un poco de vino y le puse el disco más reciente de Lucecita Benítez,[1] su cantante favorita. «Tengo que ducharme y vestirme», le dije. «Ya sabes que estás en tu casa». Y ella se sentó a disfrutar de° la música.

Me metí a la ducha y después de unos cinco minutos alguien tocó a la puerta del baño con golpes fuertes que aumentaron° y aumentaron gradualmente. Salí de la ducha un poco apurado° y todo mojado. «¡¿Qué pasa, Carla?! ¿Por qué tanto ruido?» le pregunté, pero nadie contestó... y continuaron los golpes. Por fin me cubrí con una toalla y abrí la puerta...

¡¡¡¡SORPRESA!!!!

medio... half in jest

I wanted

pick up

was

disfrutar... enjoy

got stronger
in a hurry

---

[1] Cantante puertorriqueña que se hizo famosa en los años 60 con la canción «Génesis», y que todavía es muy popular en toda la América Latina.

Todos mis amigos estaban allí enfrente del baño con regalos y tarjetas de felicitación en las manos. Todos me gritaron a la vez: «¡Feliz cumpleaños, Rogelio!» Y yo, ¿qué hice? Primero no podía creerlo.° ¿Estaba soñando?° Me quedé como una momia,° sujetando° fuertemente la toalla y sin poder decir una palabra. Qué tremenda sorpresa, pensé. Inolvidable.

no... I couldn't believe it / ¿Estaba... Was I dreaming? / mummy / holding

COMPRENSIÓN

¿Qué pasó el día de la fiesta, según Rogelio? Más de una respuesta puede ser correcta.

1. Carla llamó a Rogelio para...

   a. invitarlo a cenar.

   b. felicitarlo por su cumpleaños.

   c. invitarlo al cine.

   d. conversar sobre sus clases.

2. Carla y Rogelio decidieron encontrarse...

   a. en casa de Carla, a las siete.

   b. en el cine, a las seis.

   c. en casa de Rogelio, a las siete.

   d. a las siete en el cine.

3. Cuando Carla llegó, Rogelio...

   a. salió con ella.

   b. le sirvió vino.

   c. llamó a sus amigos.

   d. se duchó.

4. Rogelio puso el último disco de...

   a. una cantante española.

   b. un grupo puertorriqueño de salsa.

   c. una cantante puertorriqueña.

   d. un músico de *rock*.

5. Rogelio salió de la ducha apurado y después...

   a. escuchó la conversación de sus amigos.

   b. escuchó golpes en la puerta.

   c. encontró a todos sus amigos enfrente del baño.

   d. todos sus amigos lo felicitaron.

AHORA... ¡USTED!

¿Le dio usted una fiesta sorpresa alguna vez a un amigo o a una amiga? ¿A quién? ¿Cuándo? ¿Cómo reaccionó esta persona?

_____

_____

UN PASO MÁS...

Usted y su compañero/a tienen la responsabilidad de planear una fiesta sorpresa para otro/a compañero/a de clase. ¿Qué cosas necesitan comprar para la fiesta? ¿Qué regalo sería perfecto para esta persona? ¿Cómo van a arreglar la sorpresa? ¿Qué tipo de música van a poner?

_____

_____

Capítulo **7**

ACTIVIDADES DE COMPRENSIÓN

A. Navidad con la abuela

VOCABULARIO NUEVO

¡Bienvenido a la casa de tu abuela!

venir/ven acá	*to come/come here*
el abrazo	*hug*
los demás	*the others*
bienvenido/a	*welcome*
el mole	*sauce made with chocolate*
el flan	*dessert, type of custard*
reírse/¿De qué se ríe?	*to laugh/What are you laughing about?*
la broma	*joke*

Raúl llega a Arenal para pasar las vacaciones de Navidad con su abuela.

❖   ❖   ❖

Estas afirmaciones son incorrectas. Corríjalas.

1. La abuela está contenta porque llegaron su hijo y sus nietos a pasar la Navidad con ella.

    _____

2. A Raúl no le gusta la comida que prepara su abuela; prefiere comer en un restaurante.

    _____

3. La abuela dice que después de estudiar tanto Raúl debe divertirse y hacer ejercicio.

    _____

4. La abuela dice que preparar los platos favoritos de Raúl es difícil y toma mucho tiempo.

    _____

5. La abuela va a preparar hamburguesas para Raúl.

    _____

B. Avisos comerciales

1. Queso Sinaloa[1]

Escuchemos ahora unos avisos comerciales aquí en su estación KXET, la favorita de México.

VOCABULARIO NUEVO

intenso/a	*intense*
refrescante	*refreshing*
puro/a	*pure*
los manantiales	*springs (of water)*
cremoso/a	*creamy*
la torta	*sandwich (Mex.)*
sano/a	*wholesome, healthy*
pedir/Pídalo así.	*to ask for/Ask for it this way.*

❖　　❖　　❖

Complete los espacios en blanco.

1. ¿Cómo es Sinaloa?

   a. El color de su océano es de un _____ intenso.

   b. Sus _____ tienen una brisa refrescante.

   c. Tiene manantiales de _____ pura.

2. ¿Cómo es el queso Sinaloa?

   a. Es el queso más fresco y _____ de México.

   b. Tiene un sabor cremoso y _____.

   c. Es perfecto en una torta de _____ y _____.

2. Flan Rico

VOCABULARIO NUEVO

hecho/a	*made*
la mezcla	*mix*
la bolsa	*bag*
sabroso/a	*tasty, delicious*
el caramelo	*caramel*
requerir/requieren	*to require/require*
ahorrar/ahorra	*to save/you save*
disfrutar/disfruta	*to enjoy/enjoy*
la calidad	*quality*
el sabor	*taste*

❖　　❖　　❖

---

[1]Queso... nombre del queso y del estado de México en la costa del Océano Pacífico

Complete los espacios en blanco.

1. Probablemente a la mayoría de las amas de casa les gusta preparar Flan Rico para su familia porque...

    a. es _____ de preparar.

    b. sólo hay que agregar _____.

    c. ahorran _____ y _____.

2. A los niños probablemente les gusta comer Flan Rico porque es un _____ de sabor delicioso.

C. Las niñas quieren cocinar

VOCABULARIO NUEVO

peligroso/a	*dangerous*
caliente	*hot (temperature of food)*
listo, ya está	*ready, done*
chiquito/a	*small*
oler/huele bien	*to smell/it smells good*

Paula y Andrea, las hermanas menores de Ernestito, tienen hambre y quieren preparar una quesadilla.

❖   ❖   ❖

Conteste las preguntas brevemente.

1. ¿Qué quieren preparar las niñas? ¿Por qué?

    _____

2. ¿Por qué dice Ernestito que las niñas no deben jugar en la cocina?

    _____

3. ¿Quién va a leer la receta? ¿Por qué?

    _____

4. ¿Qué necesita hacer Paula primero? ¿Y después?

    _____

5. ¿Van a ponerle chile a la quesadilla? ¿Por qué?

    _____

6. ¿Comieron la quesadilla las niñas? ¿Por qué?

    _____

D. Avisos comerciales

1. Supermercado Calimax

VOCABULARIO NUEVO

el surtido	*assortment, selection*
a su gusto	*to your liking*
el carnicero	*butcher*
especializados/as	*specialized, expert*
las superofertas	*super specials*
la sección	*section*
la canasta	*basket*

Y ahora, aquí en KXET para usted que busca precios bajos y alta calidad, un mensaje importante de sus supermercados favoritos, Calimax.

Escuche el anuncio del Supermercado Calimax y escriba los precios al lado izquierdo de cada cosa en su lista que está de oferta en Calimax. Cuidado, no todas las cosas de su lista están en oferta.

o —— leche
o —— queso
o —— 1 Kg carne molida
o —— 2 Kg chuletas
o —— ½ Kg jamón
o —— 1 Kg camarones
o —— 4 Kg azúcar
o —— pan
o —— ajo (una cabeza)

—— manzanas
—— 1 lechuga
—— 3 Kg naranjas
—— plátanos
—— fresas (una canasta)
—— duraznos
—— 2 kg uvas
—— 1 Kg tomates
—— 2 cebollas

2. Restaurante Tres Estrellas

VOCABULARIO NUEVO

el local	*location*
esquina con	*corner of*
conocido/a	*(well-)known*
la bahía	*bay*
el conjunto	*(musical) group*
saborear/saborean	*to savor/savor*
inolvidable	*unforgettable*
primera categoría	*first rate*

Desde Acapulco, un mensaje del Restaurante Tres Estrellas, el restaurante que todos preferimos.

Usted tiene un viejo anuncio del periódico del restaurante Tres Estrellas. Escuche el anuncio de la radio y cambie la información en el anuncio del periódico si es diferente.

El Restaurante Tres Estrellas los invita a disfrutar de su comida deliciosa y variada aquí en el centro de Acapulco, Avenida Juárez, número 514. Les ofrece la hospitalidad de siempre y una vista de sus hermosos jardines. Los sábados y domingos disfruten de los éxitos del momento con el conjunto de Roberto Mariles. Abierto todas las nochas desde las 7:00 hasta las 5:00 de la mañana. Para hacer reservaciones llame al 2-15-21-12. Recuerde, ¡a comer y a bailar en Tres Estrellas!

E. Carlos y Silvia salen a cenar

VOCABULARIO NUEVO

Dos Equis	*brand of Mexican beer*
enseguida	*immediately*
recomendar/te recomiendo	*to recommend/I recommend (to you)*
pálido/a	*pale*
no hay que desesperarse	*no need to despair*

Carlos Padilla y su novia Silvia Bustamante están cenando en un restaurante en la Ciudad de México.

Escoja la respuesta más lógica según el diálogo.

1. Antes de pedir la comida en el restaurante, Carlos y Silvia...

    a. leen el menú y piden las bebidas.

    b. dejan una propina.

    c. salen pero vuelven enseguida.

    d. comen muy bien.

2. Silvia y Carlos piden... para los dos.

    a. coctel de camarones y langosta

    b. langosta y ensalada

    c. coctel, langosta y sopa

    d. sopa y langosta

3. Según Carlos y Silvia...

    a. la comida del restaurante no es muy buena.

    b. la comida cuesta mucho.

    c. la comida estuvo deliciosa.

    d. el mesero nunca les trajo la cuenta.

4. Carlos está pálido porque...

    a. la comida estuvo deliciosa.

    b. ve que no tiene suficiente dinero para pagar.

    c. Silvia le dice que ella no quiere pagar.

    d. Silvia le dice que él es muy bromista.

5. Al final sabemos que Silvia y Carlos...

    a. tuvieron que lavar muchos platos.

    b. llevaban bastante dinero para la propina.

    c. salieron del restaurante sin pagar.

    d. pagaron con la tarjeta de crédito de Silvia.

F. El restaurante francés

VOCABULARIO NUEVO

el mantel	tablecloth
las rosas	roses
la copa	wine glass
la salsa blanca	white sauce
el chef	chef
el/la gerente	manager
suceder/no ha sucedido nunca	to happen/has never happened
las quejas	complaints
querer/quería decir	to want/wanted to say
poder/no podía comer	to be able/couldn't eat
el cuchillo	knife

¡Tengo cinco diplomas!

Daniel Galván invitó a su novia, Leticia, a cenar en un restaurante francés que se encuentra en la Zona Rosa, una zona elegante de la Ciudad de México.

❖ ❖ ❖

¿Quién dijo estas oraciones, Leticia (L), Daniel (D) o uno de los empleados del restaurante (E)?

1. _____ Este lugar es muy elegante.

2. _____ Es uno de los mejores restaurantes de la ciudad.

3. _____ Tengo un pequeño problema.

4. _____ Está exactamente como usted la pidió.

5. _____ Servimos el mejor bistec de toda la ciudad.

6. _____ No me dejan hablar.

7. _____ No me trajeron cuchillo.

G. Una decisión difícil

VOCABULARIO NUEVO

parecer/¿Qué les parece?	*to seem/What do you think?*
engordar/engorda	*to fatten; to get fat/makes one gain weight*
satisfacer/no me satisface	*to satisfy/doesn't satisfy me*
al rato	*in a little while*
tacaño/a	*stingy*
la torta	*type of Mexican sandwich*
¡Es una idea genial!	*What a great idea!*

Lugares mencionados

Sanborn's	*chain of coffee shops in Mexico*
La Casa de Donatelli	*un restaurante italiano*
La Torta Ahogada	*fast-food restaurant specializing in Mexican sandwiches*

Ernesto y Estela Ramírez van a salir a cenar con sus hijos Ernestito, Paula y Andrea. Ahora tratan de decidir qué tipo de comida prefieren.

Escuche la conversación y luego indique quién está pensando esto, Ernesto (ER), Estela (ES) o los niños (N).

1. _____ ¡Ay! ¡Qué hambre! Siempre es lo mismo cuando vamos a salir a comer. ¿Por qué tantos problemas para decidir adónde ir?

2. _____ Probablemente quiere ir al restaurante francés pero... ¡cinco personas, con esos precios tan altos! ¡NO!

3. _____ Si no puede decidirse, yo voy a preparar algo rápido para los niños y para mí.

4. _____ ¡Ay! ¿Por qué no acepté ir a Sanborn's? Aquí vamos a estar toda la tarde.

5. _____ ¡Mmmm! ¡Tortas, qué rico!

H. El cumpleaños de Estela

VOCABULARIO NUEVO

querido/a	*dear*
dar/me da la impresión	*to give/it gives me the impression*
recordar/recuerda	*to remember/he/she remembers*
sugerir/sugirió	*to suggest/he/she suggested*
agarrar/¡A que no me agarras!	*to catch/I dare you to catch me!*
al anochecer	*at nightfall*
proponer/propuso	*to propose/he/she proposed*
las velas (velitas)	*(little) candles*
tonto/a	*silly*
importar/lo que importa	*to matter/what matters*
inolvidable	*unforgettable*
cumplir años/¿Cuántos años cumples?	*to be (turn) a certain age/How old are you today?*

Lugares mencionados

El Parque Chapultepec
El restaurante La Fonda

«LAS MAÑANITAS»[1]

Estas son las mañanitas
que cantaba el rey David.
A las muchachas bonitas
se las cantamos así...
Despierta mi bien, despierta.
Mira que ya amaneció.
Ya los pajarillos cantan.
La luna ya se metió...

Es un sábado por la mañana, muy temprano, en la Ciudad de México. Estela Ramírez se despierta pensando en el día especial que va a pasar con su esposo y sus hijos. ¡Hoy es su cumpleaños!

❖　❖　❖

Responda brevemente.

1. Piense en el diálogo entre Ernesto y Estela cuando los dos se despiertan. ¿Qué piensa hacer Ernesto hoy? ¿Qué deciden hacer finalmente? _____

    _____

2. ¿Por qué piensa Estela que Ernesto se olvidó de su cumpleaños? _____

    _____

3. ¿Qué hace la familia en el parque? _____

    _____

4. ¿Qué espera Estela en el restaurante después de la cena? _____

    _____

5. ¿Qué ocurrió cuando la familia llegó a casa? _____

    _____

---

[1] canción típica de cumpleaños

ESCUCHE Y LEA EL CUENTO DE HADAS[1]

Ricitos de Oro y los tres osos

Por la tarde, mamá osa preparó una rica sopa de verduras. La puso sobre la mesa y dijo: —¡La sopa está servida! Al momento llegaron papá oso y su hijo, pequeño y peludo.° En cuanto probaron° la primera cucharada,° se dieron cuenta° de que la sopa estaba muy caliente y decidieron ir a dar un paseo y dejar la sopa enfriarse.°

furry / En... As soon as they tasted / tablespoonful / se... they realized
cool off

A la casa de los tres osos llegó una niña, Ricitos de Oro, y tocó tres veces a la puerta. La puerta se abrió sola y Ricitos de Oro entró hasta el comedor. Encontró los platos de sopa servidos y se comió la sopa del plato grande, la del plato mediano y la del plato pequeño también. Al terminar, la niña decidió caminar

por la casa; se sentó en una silla grande y dura, en una mediana pero muy blanda° y en una pequeña, amarilla, que le pareció perfecta. Después de un rato se sintió cansada. Fue a la recámara y se acostó en la cama grande, y en la cama mediana, pero finalmente se durmió en la cama pequeña. Los tres osos volvieron a casa y se sentaron a la mesa. En este momento papá oso exclamó:

soft

—¡Alguien se comió mi sopa!

—¡Y la mía! —dijo mamá osa.

—¡Y la mía también! —lloró el osito.

Decidieron buscar al «come sopas» por la casa. Vieron sus sillas.

—¡Alguien se sentó en mi silla! —gritó papá oso.

—¡Alguien se sentó en la mía también! —dijo mamá osa.

—¡Alguien se sentó en mi silla y la rompió! —dijo el osito llorando.

Subieron la escalera y papá oso exclamó:

—¡Alguien se acostó en mi cama!

—¡Y en la mía! —dijo mamá osa enojada.

—¡Y en la mía, y aún está ahí dormida! —gritó el osito, lleno de miedo.

Ricitos de Oro se despertó y al ver los tres osos, se levantó muy asustada,° saltó por la ventana, y corrió hacia el bosque. Desde la ventana, los osos la vieron desaparecer.°

frightened

disappear

Desde ese día, mamá osa siempre sirve la sopa fría.

_____
[1] Cuento... *fairytale*

EJERCICIOS DE PRONUNCIACIÓN

I. Pronunciación: *d*

The pronunciation of the letter *d* in Spanish is very similar to the soft pronunciation of the letters *th* in English <u>father</u>.

A. Listen and repeat the following words with a soft *d*.

cuaderno, casado, nada, partido, estudiar, nadar, saludar, mediodía, pasado, apellido, mercado, ocupada

In Spanish if the *d* is preceded by *n* or *l*, it is pronounced as a hard *d*, as in English.

B. Listen and then pronounce the following words with a hard *d*.

grande, atender, segundo, merendar, independencia, andar, mandato, falda, sueldos

If the letter *d* comes at the end of a word, it is pronounced very softly or not at all.

C. Listen and then pronounce the following words with a soft final *d*.

usted, pared, verdad, especialidad, universidad, ciudad

D. Listen and then pronounce the following sentences. Be sure to concentrate on the correct pronunciation of the letter *d*.

1. ¿Es usted casado?
2. Hoy es el Día de la Independencia.
3. Se vende apartamento grande. ¡Vecindad bonita!
4. Hay dos baños en el segundo piso, ¿verdad?
5. Dora, ¿dónde está el cuaderno de David?
6. ¿Es la residencia del señor Durán?
7. El condominio está cerca del mercado.
8. No me gusta nadar al mediodía.
9. ¿Podemos estudiar en la sala?
10. Se alquila apartamento moderno, alquiler módico.

II. Pronunciación: Consonants with *r*

When *r* is preceded by a consonant or followed by a consonant, it is pronounced as a single tap.

A. Listen and then pronounce the following words, in which *r* is preceded by a consonant.

b + r	abra, brazos, hombros, abrigo, septiembre
d + r	padre, ladra, cuadro, madre, drama
g + r	negro, gracias, agregar, grande, grupo
p + r	pregunta, presidente, primavera, programa, prima
t + r	tres, pupitre, metro, trabaja, tren
c + r	cree, escribe, describa, crema, criada
f + r	francés, frase, frío, frecuentemente, fresco

B. Listen and then pronounce the following words, in which *r* is followed by a consonant.

r + cons.   barba, piernas, corto, verde, persona, tarde, árbol, catorce, hermano, perdón, martes, invierno, arte

If the *r* is preceded by an *n* or *l*, it is usually trilled.

C. Listen and then pronounce the following words with a trilled *r*.

n + r	En<u>r</u>ique
l + r	al<u>r</u>ededor

EJERCICIOS DE ORTOGRAFÍA

Accent Review (Part 1)

You have learned that the following words must carry a written accent mark:

- interrogatives. Examples: *¿qué?, ¿cuándo?*

- words in which stress falls three or more syllables from the end. Example: *plátano*

- words that end in a consonant other than *n* or *s* and are stressed on the next-to-the-last syllable.
  Example: *difícil*

- words that end in a stressed vowel and those whose last syllable is stressed and ends in *n* or *s*.
  Examples: *aquí, dirección*

- first and third person preterite (past tense) verb forms. Examples: *tomé, comió, sirvió, pedí*

Listen and then write the following sentences. Check each word to see if it requires a written accent.

1. _____
2. _____
3. _____
4. _____
5. _____
6. _____
7. _____
8. _____
9. _____
10. _____
11. _____
12. _____
13. _____
14. _____

ACTIVIDADES ESCRITAS

Lea *Gramática 7.1–7.4.*

I. La comida y las bebidas

A. ¿Cuáles son las comidas y las bebidas favoritas de sus padres, sus hermanos, sus hijos, su esposo/a o novio/a, su profesor(a), su perro o su gato? Escoja tres.

> MODELO: mi amiga Lucía → *A mi amiga Lucía le gusta comer pescado fresco con limón, papas fritas, bróculi y, de postre, helado con fresas frescas. Le gusta beber limonada o agua mineral con la comida.*

1. _____

_____

_____

2. _____

_____

_____

3. _____

_____

_____

B. En la cocina. Escriba las preguntas lógicas.

> MODELO: (tomates) *¿Quieres tomates en la ensalada?*
> No, los que tenemos no están maduros.

1. (la avena) _____

Ya la comí.

2. (la paella) _____

No, no la queremos preparar.

3. (los hongos) _____

No, nunca los compramos.

4. (las aceitunas) _____

Las vi esta mañana pero no sé dónde están ahora.

C. Hoy la profesora Martínez va a dar una fiesta en su clase de español. Mónica y Esteban, dos estudiantes, están viendo si ya tienen todo lo que necesitan. Complete las frases lógicamente con los pronombres *lo, la, los* o *las.*

MÓNICA: ¡Va a ser una fiesta muy divertida!

ESTEBAN: Sí, y vamos a comer muchas cosas buenas. Mira qué *pastel de chocolate* más rico.

MÓNICA: Sí, ¿quién _*lo*_ [1] trajo?

ESTEBAN: Creo que _____² trajo Luis. Mi amigo Raúl trajo *las enchiladas*.

MÓNICA: Sí, están deliciosos. Ya _____³ probé.

ESTEBAN: ¡Ay, Mónica! Oye, ¿dónde están *los refrescos*?

MÓNICA: No sé; tú _____⁴ trajiste. ¿No recuerdas dónde _____⁵ pusiste?

ESTEBAN: Yo no _____⁶ traje. A mí no me gustan los refrescos.

MÓNICA: ¿Cómo? ¡¡¡No hay refrescos porque a ti no te gustan los refrescos!!! A todos nos gusta beber algo con la comida.

ESTEBAN: No traje refrescos pero sí traje *horchata*.ª

MÓNICA: ¡Bromista! ¿Dónde _*la*_⁷ pusiste?

ESTEBAN: _____⁸ puse aquí al lado del flan.

MÓNICA: Mmmm, *flan*. ¡Me gusta mucho! ¿_____⁹ preparaste tú?

ESTEBAN: No, yo no _____¹⁰ preparé. El flan tampoco me gusta ; además no sé cocinar. Oye, Mónica, ¿tú qué trajiste?

MÓNICA: ¿Yo? Pues los *tacos*. ¿No _____¹¹ viste?

ESTEBAN: _____¹² puse al lado de la sandía.

MÓNICA: Ah, pues entonces ya está todo listo.

AMBOS: ¡¡¡¡¡¡MÚSICA!!!!!! ¡¡¡¡¡¡FIESTAAAA!!!!!!

D. Es la hora del desayuno en casa de los señores Ramírez. Estela está preparando varias cosas diferentes y Ernesto le pregunta para quién es cada cosa. Haga el papel de Estela y conteste sus preguntas usando los pronombres *mí, ti, él, ella, usted, nosotros, nosotras, ellos, ellas* o *ustedes*.

MODELO: ERNESTO: ¿Para quién es la avena? ¿Para mí? →
ESTELA: No, no es para ti, es para Paula.

1. ERNESTO: ¿Para quién son los panqueques? ¿Para Ernestito?

   ESTELA: _____

2. ERNESTO: ¿Para quién son los huevos rancheros? ¿ Para las niñas?

   ESTELA: _____

3. ERNESTO: ¿Para quién es el cereal con fruta? ¿Para Andrea?

   ESTELA: _____

4. ERNESTO: ¿Para quién es el jugo de naranja? ¿Para mí?

   ESTELA: _____

5. ERNESTO: ¿Para quién son los huevos fritos? ¿Para ti?

   ESTELA: _____

6. ERNESTO: ¿Para quiénes son las fresas? ¿Para nosotros?

   ESTELA: _____

ª refreshing drink made out of rice and water with lemon, sugar, and cinnamon

II. La compra y la preparación de la comida

Lea *Gramática 7.5.*

A. Explique cómo se preparan estas comidas.

> MODELO: la hamburguesa → *La carne molida se fríe con sal y pimienta. Se le pone mostaza y mayonesa al pan, luego se pone la carne entre las dos rebanadas de pan. Entonces se le agrega salsa de tomate, cebolla y lechuga.*

1. un sándwich de jamón y queso

   _____

   _____

   _____

2. una ensalada de frutas

   _____

   _____

   _____

3. las papas fritas

   _____

   _____

   _____

B. Supongamos que usted va a preparar una comida especial para un amigo (una amiga). Primero, dé el menú y luego explique cómo se prepara el plato principal.

EL MENÚ

Para beber   _____

Para empezar   _____

                     _____

De plato principal   _____

                     _____

                     _____

De postre   _____

_____

_____

_____

_____

_____

III. Los restaurantes

Lea *Gramática 7.6.*

A. Escriba un diálogo entre usted, su amigo/a y un mesero (una mesera) en un restaurante. Aquí tiene usted algunas palabras que puede usar si quiere: *pedir, desear, recomendar, querer, tráigame(nos), para empezar, para beber, de postre.*

MESERO/A: _____

USTED: _____

AMIGO/A: _____

MESERO/A: _____

_____ _____

_____ _____

_____ _____

_____ _____

_____ _____

B. Supongamos que usted está en estas situaciones. Describa lo que va a pedir.

1. Usted tiene un examen dentro de veinte minutos pero tiene mucha hambre. Entra en la cafetería de la universidad. ¿Qué pide?

_____

_____

_____

_____

_____

2. Hoy es el cumpleaños de su hermano/a mayor. Para celebrar su cumpleaños, usted lo/la invita a un restaurante muy elegante. Ahora usted va a pedir para los/las dos.

_____

_____

_____

_____

3. Su familia va a tener una fiesta de Navidad (Año Nuevo, Día de Acción de Gracias, 4 de Julio, ¿ ?). Usted va a preparar la comida (varios platillos). ¿Qué va a preparar? ¿Por qué?

_____

_____

_____

_____

_____

C. Pilar y Ricardo están en un restaurante en Madrid. Complete el diálogo usando las formas correctas de *pedir* o *servir* y la comida y bebida que usted quiera.

RICARDO: Pilar, ¿vas a _____ [1] _____ [2]?
(pedir)

PILAR: No, aquí no sirven _____, [3] solamente _____, [4]
(servir)

_____ [5] y _____. [6]

RICARDO: Hummm... ¿qué te parece si pedimos _____ [7] para los dos

mientras decidimos?

PILAR: Sí, buena idea. Yo siempre _____ [8] café pero ¡hoy hace
(pedir)

tanto calor!

RICARDO: Voy a _____ [9] dos _____. [10]
(pedir)

PILAR: No, tampoco sirven _____. [11] ¿Por qué no

_____ [12] unas _____ [13]?
(pedir)

RICARDO: Mesero, dos _____, [14] por favor.

PILAR: Bueno, ahora vamos a ver el menú... Mira, tienen _____. [15] La

semana pasada las pedí y me gustaron mucho, pero no sé... también

_____ [16] _____ [17] deliciosos/as aquí...
(servir)

RICARDO: Bueno, ¿qué te parece si ahora yo pido _____ [18] y tú

_____ [19] _____ [20]?
(pedir)

PILAR: ¡Perfecto! Cuando nos sirvan, tú me das _____ [21] y yo te doy

_____. [22]

RICARDO: ¡Estupendo!

LECTURAS ADICIONALES

Nota cultural
La comida mexicana

¿Le gusta a usted la comida mexicana o no le gusta? ¿Por qué? ¿La come con frecuencia? Hay varios platillos mexicanos que son muy populares en los Estados Unidos. ¿Puede mencionar algunos?

Gran parte de los platillos mexicanos proviene° de las culturas precolombinas;° por ejemplo, el guacamole: una salsa de aguacate, cebolla, jitomate° y chile. La base de muchos platos mexicanos es la tortilla, que puede ser de maíz o de harina. Los tacos, las tostadas y las enchiladas se hacen con tortillas de maíz. Los tacos se hacen con una tortilla frita que después se rellena con carne molida, lechuga, tomate y queso. Las tostadas se hacen con tortillas fritas, sin doblar, y llevan carne y otros ingredientes encima. Las enchiladas también se hacen con tortillas, pero se rellenan primero y después se cocinan. Por lo general, las enchiladas se preparan con carne de res, con queso o con pollo.

originate / pre-Columbian (before Columbus)
tomato (Mex.)

Hay otros platillos mexicanos que no se hacen con tortillas, como el tamal yucateco,° un relleno° de carne envuelto° en una masa de maíz y cubierto° con hojas de mazorca o de plátano. El mole poblano[1] es una salsa que lleva veintitantos° ingredientes, incluso chocolate, y normalmente se sirve con pollo. Y, para el desayuno, el plato favorito de muchos mexicanos son los huevos rancheros, que son huevos fritos cubiertos de una salsa picante, que se sirven sobre tortillas fritas y frijoles al lado.

from the Yucatan Peninsula / filling / wrapped / covered
twenty-odd

COMPRENSIÓN

Indique los ingredientes que se usan en cada platillo.

MODELO: La tortilla se hace con maíz o con harina.

Platillos: los tacos, los huevos rancheros, el guacamole, el tamal yucateco, las enchiladas, el mole poblano, las tostadas

Ingredientes: lechuga, aguacate, queso, cebolla, pollo, harina, maíz, jitomate, chile, chocolate, frijoles, huevos, carne molida, tomate, carne de res, hojas de mazorca o de plátano, salsa picante, tortillas

_____

_____

_____

_____

[1] mole... Sauce for poultry or meat which originated in Puebla, Mexico; hence *poblano*

AHORA... ¡USTED!

De todos los platillos mencionados en la lectura, ¿cuáles le gustan a usted? ¿Cuáles no come nunca? ¿Hay algunos que come con frecuencia? ¡Díganos!

	Lo/a(s) como... / No lo/a(s) como...				
	Nunca	Raras veces	A veces	Con frecuencia	Siempre
1. los tacos					
2. las tostadas					
3. las enchiladas					
4. el tamal					
5. el mole					
6. los huevos rancheros					

UN PASO MÁS...

Si hay un restaurante mexicano donde usted vive, vaya a comer allí y pruebe algo nuevo. Luego comparta con la clase su «descubrimiento». Diga si le gustó o no. ¿Recomienda este platillo o no? ¿Por qué?

Nota cultural
La comida caribeña°
Café con leche

Caribbean

Carmen, Esteban y Luis están de vacaciones en el Caribe. Esteban ya ha viajado° a México antes, pero es la primera vez que Carmen y Luis visitan países hispanos. La última semana de su viaje la están pasando° en la República Dominicana.

    Carmen ha descrito° en su diario sus experiencias más divertidas y algunas de las comidas que más le han gustado.° En los siguientes apuntes habla de la primera vez que probó° el café con leche.

Plátanos maduros fritos,[1] tostones,[2] yuca° frita. ¡Qué deliciosa es la comida caribeña! El arroz con pollo es seguramente el plato caribeño por excelencia. Y para el postre: flan, arroz con leche, natilla° o pudín de pan. Creo que hemos engordado° en este viaje.

ha... has traveled

spending

ha... has described
más... she has liked most
tried

cassava root

custard
hemos... we have gained weight

---

[1] fried slices of ripe plantain, also known as *platanitos*
[2] slices of green plantain, boiled and fried

Lo único que nos extrañó mucho al comienzo fue el café. Recuerdo la primera vez que lo probamos. Estábamos° desayunando en un restaurante en San Juan, Puerto Rico...

We were

—¡Qué amargo°! Este café es como tinta° —gritó Esteban.

bitter / ink

—¿Quién puede tragarse° esto? —dijo Luis.

swallow

Un muchacho sentado en otra mesa escuchó los comentarios y respondió inmediatamente:

—El café nuestro no se toma solo —nos dijo—. Hay que ponerle azúcar y leche caliente.

Se acercó° para demostrarnos. Agregó media taza de leche a media taza de café. Luego le puso dos cucharaditas de azúcar.

Se... He came closer

—Pruébelo ahora, —le dijo el muchacho a Esteban.

—Ahora sí me gusta —respondió Esteban.

—Sí, —dijo Luis, después de preparar su café y probarlo—. Pero todavía está más fuerte que el café americano.

—Ya se acostumbrarán° —dijo finalmente el muchacho. Esteban y Luis me miraron.

Ya... You'll get used to it

—Bueno, ¿y tú no lo vas a probar, Carmen? —me preguntó Luis.

—Sí. ¿Qué esperas? —dijo Esteban.

Yo le puse dos cucharaditas de azúcar y media taza de leche a mi café y tomé dos largos sorbos.°

sips

—Mmmm. Delicioso —exclamé—. ¡Para revivir a un muerto!°

¡Para... (Good enough) to raise the dead!

COMPRENSIÓN

I. Identifique.

1. _____ tostones
2. _____ arroz con leche
3. _____ yuca
4. _____ platanitos
5. _____ arroz con pollo
6. _____ flan
7. _____ pudín

    a. plátano maduro frito
    b. plátano verde frito
    c. un postre hispano muy popular
    d. la raíz (*root*) de una planta
    e. un postre hecho con pan
    f. un ingrediente de este postre es el arroz
    g. un platillo típico caribeño

II. ¿Quién diría lo siguiente, Carmen (C), Esteban (E), Luis (L) o el muchacho puertorriqueño (MP)?

1. _____ «¡Yo no puedo tomarme esto!»
2. _____ «¡Este café es muy amargo!»
3. _____ «El café puertorriqueño necesita azúcar y leche».
4. _____ «¡Es delicioso!»
5. _____ «Poco a poco van a acostumbrarse».
6. _____ «Está más sabroso ahora».
7. _____ «Mucho mejor. Pero todavía es más amargo que el café americano».
8. _____ «¿No vas a probar el café, Carmen?»

AHORA... ¡USTED!

¿Tuvo alguna vez una experiencia divertida o extraña al probar un platillo hispano? ¿Qué platillo era? ¿Cómo reaccionó usted? ¿Le gusta esta comida ahora?

_____

_____

UN PASO MÁS...

Supongamos que usted tiene un diario donde apunta algunas de sus impresiones. La semana pasada fue a un restaurante (con su novio/a, amigos o con la familia) y tuvo una experiencia muy divertida. ¡Cuéntela en su diario!

_____

_____

Una receta de México: «Polvorones°»

tea cakes

INGREDIENTES

2 tazas de harina
3/4 de taza de manteca vegetal
3/4 de taza de azúcar
2 yemas° de huevo
una pizca° de sal
1/4 de cucharadita de bicarbonato°

yolks
pinch
baking powder

Se hace una mezcla cremosa con° la manteca y el azúcar; se agregan las dos yemas de huevo y se revuelven bien. Se agrega la harina cernida° con el bicarbonato y la sal. Se bate la mezcla hasta formar una pasta suave y seca. Se hacen cincuenta o sesenta bolitas° y se aplanan° con dos dedos. Se pone en una lámina de hornear° sin engrasar.° Se hornean a 350° por ocho o diez minutos o hasta que estén dorados. Se sacan, se ponen en un plato grande o en una bandeja.° Se enfrían y luego se revuelcan° en azúcar pulverizada° con nuez moscada.°

Se... Cream
sifted

small balls / se... flatten
lámina... baking sheet /
sin... ungreased
tray / roll / powdered
nuez... nutmeg

AHORA... ¡USTED!

1. Describa los ingredientes de uno de sus platillos favoritos, y luego explique cómo se prepara.

_____

_____

2. ¿Hay algún platillo hispano que a usted le gusta mucho? ¿Cree usted que es difícil de cocinar? ¿Lo come mucho? ¿Dónde? ¿Cuándo y dónde lo probó por primera vez?

_____

_____

UN PASO MÁS...

Usted va a participar en el concurso «Recetas del futuro». Con un/a compañero/a, invente un platillo nuevo y diga los pasos que hay que seguir en su preparación. ¡OJO! Puede agregar otros ingredientes a la lista que incluimos aquí. ¡Suerte!

Medidas: 1/2 (medio/a), 1/4 (un cuarto), 3/4 (tres cuartos), 1, 2 taza(s), cucharada(s), cucharadita(s), una pizca

Ingredientes: bicarbonato, harina, aceite, azúcar, sal, huevos

_____

_____

Capítulo **8**

ACTIVIDADES DE COMPRENSIÓN

A. Una familia como todas

VOCABULARIO NUEVO

caerle bien a uno/me cae bien	*to like/I like*
presumido/a	*conceited*
el turno	*turn*
el/la hijo/a único/a	*only child*
¡Pobre de ti!	*You poor thing!*
criarse/me crié	*to be brought up/I was brought up*
el/la hermanastro/a	*stepbrother/sister*
estar de acuerdo/estoy de acuerdo	*to agree/I agree*

Carla Espinosa y Rogelio Varela, estudiantes de la Universidad de Puerto Rico, están en un café en el Condado[1] hablando de sus familias.

❖ ❖ ❖

Complete los cuadros de la familia Espinosa y la familia Varela.

La familia de Carla

Sr. Espinosa   Sra. Espinosa

Carla

1   2

3   4

_____
[1] playa muy popular en una zona turística de San Juan, Puerto Rico

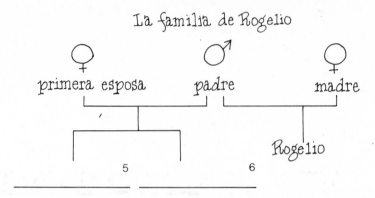

La familia de Rogelio

primera esposa   padre   madre

Rogelio

5   6

_____   _____

B. SIB: Entrevista con Marcelo Chávez

VOCABULARIO NUEVO

el actor/la actriz	*actor/actress*
el camino	*road*
ser/es un placer	*to be/it's a pleasure*
tutearse/tutearnos	*to use informal form (tú) / to address one another using the (tú) form*
los/las admiradores/as	*admirers*
querido/a	*dear*
las escenas de amor	*love scenes*
en lo absoluto	*not at all*
el capitán	*captain*
la prepa (la preparatoria)[1]	*prep school*
seguir los pasos de	*to follow in someone's steps*
actuar	*to act (dramatically)*
el éxito	*success*

Hoy en SIB, en el programa «Hispanidad», Julio Delgado entrevista a Marcelo Chávez, el actor mexicano.

❖   ❖   ❖

¿Qué dice Marcelo de su familia?

Indique el nombre y la edad de los hijos de Marcelo Chávez.

_____ tiene _____ años.

_____ tiene _____ años.

_____ tiene _____ años.

_____ tiene _____ años.

_____ tiene _____ años.

¿Qué quiere ser...

Felipe? _____

[1] Students may attend a *prepa* for one or two years after graduating from high school to prepare for their university studies.

Luci? _____

Carmen? _____

C. La familia de doña María

VOCABULARIO NUEVO

por suerte	*luckily*
sobre todo	*above all*
la energía	*energy*
exagerar/exagera	*to exaggerate/he/she exaggerates*
oírselo decir	*to hear it said*

Escuchemos ahora a doña María González, la abuela de Raúl Saucedo, quien nos habla de su familia.

Indique si la información es cierta (C) o falsa (F) según lo que dice doña María.

1. _____ Doña María es muy joven.

2. _____ Doña María tiene dos hijos y ocho nietos en total.

3. _____ Ve a los hijos de su hija con más frecuencia porque viven muy cerca de su casa.

4. _____ Cuando su hijo Javier vivía en Arenal, él y su familia comían con ella casi todos los sábados.

5. _____ Clarisa y Marisa veían sus fotos y jugaban con el gato cuando la visitaban.

6. _____ Ahora doña María ve a Raúl solamente cuando él tiene vacaciones.

D. La ley de la vida[1]

VOCABULARIO NUEVO

contar/contaba	*to tell/used to tell*
las historias	*stories*
la huerta	*orchard*
nostálgico/a	*nostalgic*
meterse al agua/	*to get in the water/*
nos metíamos al agua	*we used to get in the water*
gratis	*free, at no cost*
peligroso/a	*dangerous*
crecer/creciendo	*to grow/growing*
inevitable	*unavoidable*
filosófico/a	*philosophical*

Raúl Saucedo y su amigo norteamericano, Esteban Brown, están en México para pasar las vacaciones de Navidad. Hoy viajan en coche a Arenal, un pueblo cerca de Guadalajara, para visitar a doña María, la abuela de Raúl. Clarisa y Marisa, las hermanas gemelas de Raúl, también van en el coche. Raúl maneja.

---

[1] La... *The law of life*

¿Qué dicen Raúl, sus hermanas y Esteban de su niñez? ¿Qué hacían? Complete los espacios en blanco con los verbos correctos (en el imperfecto).

1. La abuela siempre _____ algo que darnos, galletitas, limonada...

2. ¿Recuerdas que a veces la abuela _____ al escondite con nosotras?

3. ¿Es que ella _____ su casa mejor que nosotras?

4. Lo que más me gustaba _____ pescar en el lago.

5. Nos _____ al agua y _____.

6. Yo _____ a un lugar fabuloso donde _____ sólo

    dos dólares y _____ toda la tarde.

7. En Arenal todo el mundo _____ con cuidado.

E. Esteban sabe más de lo que cree

VOCABULARIO NUEVO

resolver/resolví	*to solve/I solved*
el imperfecto	*imperfect tense*
entender/entendió	*to understand/you did understand*
jalar/jalaba	*to pull/I would (used to) pull*
las trenzas	*braids, pigtails*
esconder/escondía	*to hide/I would (used to) hide*
travieso/a	*mischievous*

Esteban está en la oficina de la profesora Martínez.

❖ ❖ ❖

¿Con quién asocia usted estas frases, con Esteban (E) o con la profesora Martínez (M)?

1. _____ Estoy aquí para contestar sus preguntas.

2. _____ Leí una novela.

3. _____ Tuve que estudiar para una clase de arte.

4. _____ Tenía muchos amigos.

5. _____ Nunca peleaba con los otros niños.

6. _____ Les jalaba las trenzas a las niñas.

7. _____ Les escondía los libros a mis compañeros.

F. Aviso comercial

VOCABULARIO NUEVO

Divertilandia, el secreto para rejuvenecer[1]

los cuentos de hadas	*fairy tales*
los héroes/las heroínas	*heroes/heroines*
explorar/exploraba	*to explore/used to explore*
la isla	*island*
el tesoro	*treasure*
los seres	*beings*
feliz (felices)	*happy*

Y ahora, aquí en WXET, unos mensajes de nuestros amigos de Divertilandia.

❖   ❖   ❖

Llene los espacios en blanco correctamente, según el anuncio de Divertilandia.

¿Recuerda los cuentos de hadas que tanto le _____[1] cuando

_____[2] niño? ¿Le gustaría volver a vivir aquellas aventuras de sus héroes

favoritos, aquellas aventuras que _____[3] dos y hasta tres veces? ¿Quiere

volver a sentir la emoción que _____[4] cuando exploraba la isla del tesoro?

¡Venga a Divertilandia! En este paraíso de la imaginación le esperan Pinocho, Robin Hood,

Blancanieves, Alicia, la Cenicienta y todos aquellos seres maravillosos que le

_____[5] pasar horas felices en su niñez. Divertilandia le ofrece la oportunidad

de volver al mundo mágico de la niñez. ¡Aprovéchela!

¿Cómo se llaman en español estos personajes de los cuentos de hadas?

_____   _____   _____

_____   _____

---

[1] *to rejuvenate*

G. ¡Qué tiempos aquellos en Ocumare!

VOCABULARIO NUEVO

en fin	*finally, well anyway*
la bahía	*bay*
¡Qué banquetes!	*What feasts!*
seguidos/as	*in a row, without omitting any*
¡Qué tiempos aquéllos!	*Those were the days!*

Ricardo Sícora, el joven venezolano que ahora estudia derecho en España, nos va a hablar de sus veranos cuando era estudiante de secundaria.

Escoja la(s) respuesta(s) más lógica(s).

1. Ocumare...

    a. es la capital de Venezuela.

    b. está en Caracas.

    c. es un pueblo de la costa.

    d. tiene playas.

2. En Ocumare, durante el verano Ricardo...

    a. tomaba el sol.

    b. escuchaba música.

    c. nunca se divertía.

    d. nadaba y buceaba.

3. Cuando hacía demasiado calor por la noche, Ricardo...

    a. se quedaba en el hotel.

    b. volvía a la playa con sus amigas.

    c. buceaba más.

    d. nunca hacía lo mismo.

4. Por las tardes Ricardo...

    a. iba a casa de un amigo.

    b. no tenía tiempo para dormir la siesta.

    c. bailaba, jugaba y charlaba con sus amigos.

    d. almorzaba mientras escuchaba discos nuevos.

5. Las noches de los fines de semana en Ocumare eran muy especiales porque...

    a. hacían lo mismo todos los sábados y domingos.

    b. solamente iban a la playa por la mañana.

    c. tenían grandes fiestas.

    d. a veces acampaban en las montañas.

H. Entrevista con Lilia Santos

VOCABULARIO NUEVO

filmar/filmamos	*to film/we filmed*
animarse/nos animamos	*to feel enthused/we felt enthused*
el accidente	*accident*
cómico/a	*funny*
la escena	*scene*
complacer/¿nos complacerá?	*to delight/will you delight us?*

Aquí en SIB, su amigo Julio Delgado con una entrevista muy especial con Lilia Santos, la famosa cantante venezolana que está visitando nuestros estudios del programa «Domingo Latino».

❖   ❖   ❖

Complete las frases con la información correcta.

1. Lilia Santos filmó un programa de variedades en varias ciudades de _____.

2. En Bogotá, Lilia _____ una canción muy popular en _____.

3. En México filmaron a Lilia en un restaurante. El mesero estaba muy _____ y se

    le cayó _____ _____.

4. Lilia y los técnicos decidieron _____ _____

    _____ en el programa.

ESCUCHE Y LEA LA FÁBULA

El león° y el grillito°

Todas las culturas usan fábulas° y cuentos para ilustrar lo que quieren enseñarles
a los niños. Esta es una fábula de los aztecas. Demuestra que es posible
conseguir° lo que una persona quiere. Imagínese una carrera° entre un león y un
grillo. ¿Quién va a ganar°? Puede ganar el grillo? ¿Qué puede hacer el grillo para
ganar la carrera?

Hace muchos, muchos años,° cuando solamente había animales e insectos, el
león era el rey.° Estaba convencido de su superioridad. Era un rey cruel,
arbitrario y orgulloso.° No tenía amigos. Un día, el león estaba aburrido y salió
de su cueva° para llamar a todos los animales, incluyendo a los insectos. Salió
dando rugidos° horribles:

lion / little cricket

fables

get / race

win

Hace... *Many, many years
 ago*
king

proud

cave
dando... *growling*

—GRRRRROOOOOUUUUU. ¿Dónde están todos? ¡Quiero conversar!

Cuando lo oyeron, todos corrieron a esconderse. Todos excepto un grillo. Él estaba muy ocupado cantando y trabajando en su jardín. El león se acercó a él y rugió:

—¡GRRRR! ¿No sabes quién soy? ¿Por qué no me saludas? Voy a enseñarte a ser cortés... ¡voy a matarte!° —dijo, y levantó su enorme pata.° Pensaba aplastar° al pobre grillito. El grillito tenía tanto miedo que solamente temblaba° y temblaba y no decía nada. Entonces el león decidió divertirse un poco con él antes de matarlo. Le dijo:

voy a... *I'm going to kill you*
pie
to crush

trembled

—Para demostrarte que soy un rey justo y generoso, voy a darte una oportunidad de vivir. Vamos a hacer una carrera° de aquí a la montaña. Si tú ganas, voy a perdonarte. Pero si yo gano... ¡JA, JA, JA, GROUUUUUU!

race

El grillito temblaba y temblaba. Sabía que la montaña estaba muy, pero muy lejos y él tenía mucho miedo.

—¿Listo? —rugió el león—. Voy a contar hasta tres: Uuuuunoooo, dooooos yyyyy ¡TRES!

En el momento en que el león empezó a correr, el grillito tuvo una idea. Saltó a la cola° y de allí a la espalda y luego a la cabeza del león. El león corría y corría mientras que el grillito, sentado cómodamente sobre su cabeza, descansaba y descansaba. De vez en cuando el león miraba hacia atrás para ver si el grillo estaba cerca, pero no veía nada.

tail

Finalmente llegaron al pie de la montaña. El león estaba muy cansado. Miró otra vez hacia atrás antes de echarse° a descansar. El grillito entonces saltó a una roca° que estaba enfrente. Cuando el león vio que no venía el grillo, quiso subirse a la roca para declarar su victoria. Pero... ¡qué sorpresa!

lie down
rock

—Un momento, su majestad —dijo el grillito, sentado tranquilamente sobre la roca. ¡Qué lento° está usted hoy! ¡Y qué cansado se ve usted!

slow

El león no creía lo que veían sus ojos. Allí, enfrente de él estaba el grillito... ¡y no estaba cansado! ¡Qué buena lección aprendió el arrogante león!

EJERCICIOS DE PRONUNCIACIÓN

Pronunciación: *b, v, d, g*

We have already seen that the letters *b, v, d,* and *g* in the combinations *ga, go,* and *gu* are normally pronounced soft, not hard as in English. In the case of *b* and *v,* the lips do not completely close; in the case of *d,* the tip of the tongue is on the back of the upper teeth but does not completely stop the air; and in the case of *g,* the back of the tongue against the roof of the mouth does not completely close off the air.

A. Listen and then pronounce the following words and phrases with soft *b, v, d,* and *g.*

1. Mucho gusto.
2. Es di̱vertido.
3. Mi amigo d̲ice que no v̲a a v̲enir.
4. A̲buela, por fav̲or, a̲bra la v̲entana.
5. Tiene ganas d̲e nad̲ar.

Note that if the letters *b, v, d,* and *g* begin a word within a phrase or sentence, they usually are pronounced soft.

B. Listen and then pronounce a soft *b, v, d,* and *g* in the following words.

la b̲oca, la v̲id̲a, la d̲iscoteca, la gasolinera

The letters *b, v, d,* and *g* may be pronounced hard if the speaker pauses before a word that begins with one of these letters, as at the beginning of a sentence or phrase.

C. Listen and then pronounce the following sentences, all of which begin with *b, v, d,* or *g.*

1. ¡V̲amos a b̲ailar!
2. ¡G̲anamos el partid̲o!
3. V̲oy mañana.
4. B̲ailan muy b̲ien.
5. D̲ebo estudiar.

The letters *b, v, d,* and *g* are also pronounced hard if preceded by *m* or *n.*

D. Listen and then pronounce the following words and phrases with hard *b, v, d,* and *g.*

1. ¿Por qué no me inv̲itaste a and̲ar en b̲icicleta?
2. Camb̲ió el tiempo.
3. ¡Tengo hamb̲re!
4. ¡Es tan b̲onito tu coche!
5. Tengo un gato grande.

In addition, the letter *d* is pronounced hard when preceded by the letter *l.*

E. Listen and then pronounce the following words and phrases with a hard *d.*

el d̲ía, Ald̲o, el d̲epartamento, el d̲isco

EJERCICIOS DE ORTOGRAFÍA

I. The Letters *b, v, d,* and *g*

Listen to the words and write them correctly using *b, v, d,* or *g.*

Reminder: The letters *b* and *v* are pronounced the same in Spanish. Since it is impossible to tell by the sound of a word if it is written with *b* or *v,* you must simply learn the spelling.

1. _____
2. _____
3. _____
4. _____
5. _____

6. _____
7. _____
8. _____
9. _____
10. _____

11. _____   14. _____

12. _____   15. _____

13. _____

II. Accents on Imperfect Verb Forms

Many verb forms in the imperfect tense must be written with an accent mark. This includes forms that rhyme with the word *María*, that is, all forms of *-er* and *-ir* verbs (examples: *comía, salíamos, entendían*) and forms that are stressed three syllables from the last, that is, the *nosotros* forms of *-ar* verbs (examples: *estudiábamos, explorábamos, participábamos*).

Listen and write the following imperfect verb forms. Include an accent mark where necessary.

1. _____   6. _____

2. _____   7. _____

3. _____   8. _____

4. _____   9. _____

5. _____   10. _____

ACTIVIDADES ESCRITAS

I. La familia y los parientes

A. Describa a los miembros de su familia.

> MODELO: Mi novio es *alto, de pelo castaño, simpático, joven y muy inteligente.*

1. Mis tíos son _____

2. Mis suegros son _____

3. Mi esposo/a es _____

4. Mi cuñado/a es _____

5. Mi primo/a es _____

6. Mis sobrinos son _____

B. Escriba una descripción de algunos miembros de su familia. Incluya: dónde viven, cuántos años tienen, sus intereses y sus actividades favoritas.

_____

_____

_____

_____

_____

_____

_____

_____

II. La niñez

Lea *Gramática 8.1–8.2.*

A. ¿Hacía usted estas actividades cuando era niño/a? Diga con quién y dónde las hacía.

> MODELO: pelear → *Sí, yo peleaba mucho en casa con mis hermanos.*
> *No, yo nunca peleaba.*

1. jugar al escondite

_____

2. correr

_____

3. nadar

_____

4. comer helados

_____

5. ir de vacaciones

_____

6. estudiar por la tarde

_____

7. andar en bicicleta

_____

8. subirse a los árboles

_____

9. saltar la cuerda

_____

10. jugar con muñecas

_____

B. La rutina de los niños. Lea la descripción que escribe Raúl y luego describa un día típico de su niñez.

Cuando yo tenía ocho años vivía en Arenal. Asistía a la escuela primaria Miguel Hidalgo. Me levantaba a las siete, me lavaba la cara y las manos y desayunaba en el comedor con mi papá. Él salía para el trabajo a las ocho menos cuarto. Cuando yo terminaba de desayunar me lavaba los dientes y buscaba mis libros y mis cuadernos. Salía para la escuela a eso de las ocho y cuarto. Siempre caminaba a la escuela porque estaba cerca de mi casa. Algunas veces caminaba solo, otras veces caminaba con los hijos de los vecinos. Me gustaba caminar con ellos porque siempre charlábamos, jugábamos y corríamos por la calle. En la mañana pasaba tres horas en la escuela, desde las nueve hasta las doce. Luego volvía a casa para almorzar. Almorzaba con mis padres y mis dos hermanas. Después regresaba a la escuela otra vez. En la tarde tenía clases desde las tres hasta las cinco y media. Después de las clases—en el otoño y la primavera—jugaba un rato con mis compañeros en el patio de recreo de la escuela y luego regresaba a casa. En casa ayudaba un poco a mi mamá: barría el patio, sacaba la basura, regaba las plantas. Luego hacía mi tarea. A las ocho de la noche merendaba y luego me bañaba y me acostaba.

Ahora describa un día típico de su niñez cuando usted tenía ocho o nueve años.

_____

_____

_____

_____

_____

_____

_____

_____

_____

_____

III. La juventud

Lea *Gramática 8.3–8.4.*

A. ¿Qué hacía usted cuando tenía entre 15 y 19 años? Complete las siguientes oraciones.

MODELO: Durante mis clases yo... → *dormía.*

1.   Antes de ir a la escuela yo siempre...

_____

2.   Al salir de clases, generalmente, yo...

_____

3.   En las fiestas yo...

_____

4.   Los sábados por la noche yo...

_____

5.   El domingo por la mañana yo...

_____

B.   ¿Qué hacía usted con sus amigos de la escuela secundaria o de la universidad? Complete las siguientes oraciones.

1.   Los viernes en la noche mis amigos y yo...

_____

2.   En los bailes de la escuela mi novio/a y yo...

_____

3.   En la tarde, después de las clases, generalmente mis amigos y yo...

_____

4.   Durante las vacaciones del verano mi familia y yo...

_____

5.   Durante la hora del almuerzo en la escuela mis compañeros y yo...

_____

C.   La escuela secundaria. Háblenos de su escuela secundaria.

Mi escuela secundaria estaba muy lejos de mi casa. Era una escuela pequeña y muy vieja. Estudiábamos la lengua nacional (español), ciencias naturales (química, biología y física), matemáticas (álgebra), historia y lenguas extranjeras (latín, inglés y francés). En otras palabras, mi escuela tenía un programa muy tradicional. Yo estudiaba mucho. Pasaba mucho tiempo en la biblioteca antes de las clases y durante la hora del almuerzo. También me gustaban mucho los deportes. Después de las clases siempre jugaba varios partidos de basquetbol o de voleibol. En las tardes hacía mi tarea en casa. Me gustaba hacer la tarea pero me gustaba más hablar por teléfono con mis amigos. ¡Pasaba muchas horas hablando por teléfono! Pero ahora casi no me gusta hablar por teléfono.

Ahora describa su escuela secundaria. ¿Cómo era? ¿Qué hacía usted allí? ¿Qué es lo que más le gustaba? ¿Qué es lo que menos le gustaba? Mencione algunas cosas que usted hacía en la escuela secundaria y que ya no hace.

_____

_____

_____

_____

_____

_____

_____

_____

_____

_____

D. Llene los espacios en blanco con el verbo indicado. Use el imperfecto en uno de los espacios y el pretérito en el otro espacio.

1. saber

   —Anoche yo _____ que te casas mañana.

   —¿No lo _____ antes?

2. conocer

   —El mes pasado _____ a mi hermanastro por primera vez.

   —¿No lo _____ antes?

3. poder

   —¡Ay! Por fin _____ correr cinco kilómetros sin descansar.

   —¿Cómo? Nunca me dijiste que no _____ correr una distancia larga

   sin descansar.

4. querer

   —Estela, lo siento, mi esposo no _____ venir a la fiesta.

   —Pero si anoche hablé con él y me dijo que _____ venir, que tenía

   muchas ganas de vernos a todos.

5. tener

—¿Estás enferma? Me dijo tu hermana que _____ dolor de cabeza.

—Hoy estoy bien pero anoche _____ un dolor de cabeza y de estómago

por casi tres horas.

E. A Guillermo no le gusta hacer los quehaceres domésticos. Su padre tiene que recordarle a cada rato. Cuando su padre le recuerda lo que debe hacer Guillermo siempre le dice: «Iba a... pero...» Haga el papel de Guillermo y reaccione a los comentarios de Pedro Ruiz. Aquí tiene usted algunas posibles excusas: *el vecino tenía la máquina de cortar, estaba lloviendo, no había agua, Amanda ya lo paseó, mamá me llamó para ayudarle con otra cosa.*

MODELO: PEDRO: Guillermo, ¿por qué no barriste el patio? →
        GUILLERMO: *Papá, lo iba a barrer pero sonó el teléfono.*

1.   PEDRO: Guillermo, ¿ya sacaste la basura?

    GUILLERMO: _____

2.   PEDRO: Hijo, ¿cortaste el césped ayer?

    GUILLERMO: _____

3.   PEDRO: Guillermo, hijo, otra vez se te olvidó pasear el perro.

    GUILLERMO: _____

4.   PEDRO: ¡Ay, hijo! ¿Por qué no recogiste el periódico?

    GUILLERMO: _____

5.   PEDRO: ¡Hijo, nunca me ayudas! Otra vez se te olvidó regar el jardín.

    GUILLERMO: _____

IV. Las experiencias y los recuerdos

Lea *Gramática 8.5.*

A. ¿Qué les pasó a estas personas?

MODELO: Miguel estaba bailando y *se le rompieron* los pantalones. ¡AYYYY! ¡Qué vergüenza!

1. Profesora, no hice mi tarea porque ____ ____ _____ el libro.

2. Al policía ____ ____ _____ los criminales.

3. ¡El cajero automático ____ _____! ¡Somos ricos!

4. Esteban salió de prisa y ____ ____ _____ sus lentes.

5. Alberto llegó tarde a clase porque ___ ___ _____ el reloj despertador y ___

___ ___ _____ .

B. Hable de sus recuerdos. Complete dos de estas oraciones usando una de estas expresiones: *se me cayó, se me rompió, se me perdió, se me olvidó, se me escapó.*

1. Una vez en mi clase de _____

    _____

2. Un día en casa de un amigo _____

    _____

3. La primera vez que salí con mi novio/a _____

    _____

4. La semana pasada en un restaurante muy elegante _____

    _____

5. Ayer mientras paseaba por el parque _____

    _____

C. ¡Esos accidentes de la niñez! Cuéntenos una anécdota de su niñez.

 Cuando yo tenía siete años mi padre me regaló mi primer reloj. Yo estaba feliz. Pasé días diciéndole la hora a todo el mundo, moviendo las manecillas[1] del reloj, cambiando la hora. En aquellos tiempos no había relojes de baterías, así que todos los días (y a veces varias veces al día) le daba cuerda.[2] Claro, muy pronto se me descompuso. Desde ese día, cuando papá me preguntaba qué hora era yo miraba el sol y calculaba la hora. Por mucho tiempo papá no supo que mi reloj estaba descompuesto. Pero, como yo no calculaba muy bien la hora mirando el sol, ¡él creía que yo no sabía usar el reloj!

Ahora le toca a usted. Escriba una narración corta sobre un «accidente» que usted tuvo en su niñez.

Cuando yo tenía... _____

_____

_____

_____

---

[1] manos
[2] le... *I wound it*

Nota cultural
La crianza° de los niños

upbringing

Piense en la crianza que usted tuvo. ¿Recuerda los juegos a que jugaba? ¿Había juegos exclusivamente para las niñas y otros sólo para los niños? ¿Eran muy estrictos sus padres?

Los niños son el centro de la atención en el hogar° hispano. Son mimados° por toda la familia, igual que en los Estados Unidos. Generalmente, la crianza tiende a ser° tradicional: desde muy temprano los niños aprenden a participar en las actividades consideradas propias de su sexo. Si son varones,° juegan a los soldados, a los carritos, se suben a los árboles; si son mujercitas, juegan con sus muñecas a las casitas.° Pero las cosas están cambiando en la sociedad hispana, como en todo el mundo. Ahora hay muchas familias que no crian° a sus hijos de una manera tan tradicional.

home / pampered

tiende... tends to be
males

juegan... play house with their dolls
raise

Cuando ambos padres trabajan, los niños quedan normalmente al cuidado° de algún pariente cercano—la abuela o una tía, por ejemplo— que vive en casa o en la vecindad. Hay padres que prefieren el servicio de las guarderías infantiles,° donde los niños pueden pasar parte del día. Y en algunas familias hay una empleada doméstica que trabaja como niñera.

care

guarderías... daycare centers

En el mundo hispano, los padres les enseñan a sus hijos a ser obedientes desde pequeños. Los hijos deben respetar en todo momento las decisiones de sus padres. Tal vez parezca° un sistema autoritario, pero en la sociedad hispana, la independencia de los hijos no es una meta° inmediata, como en los Estados Unidos. Más que estimular la actitud de independencia, los padres tratan de enseñarles a sus hijos los conceptos de cooperación y colectividad.

Tal... It may seem
goal

COMPRENSIÓN

Diga cuáles de estas definiciones son apropiadas para la familia hispana (H), para la familia norteamericana (N) o para ambas (A).

1. _____ Los hijos respetan las decisiones de sus padres.

2. _____ Los hijos son muy independientes.

3. _____ Los padres les enseñan a sus hijos el concepto de cooperación.

4. _____ A veces la crianza es tradicional respecto a los papeles de cada sexo.

5. _____ En muchos casos los niños quedan al cuidado de un pariente.

AHORA... ¡USTED!

1. ¿Es más importante un buen sentido de cooperación o de independencia en una familia? ¿Qué opina usted? _____

_____

2. Describa la crianza que usted tuvo. ¿Cuáles eran sus juguetes o juegos favoritos?

_____

UN PASO MÁS...

Imagínese que tiene la posibilidad de crear una nueva raza (*race*) humana en otro planeta. ¿Cómo va a ser la crianza de los niños en ese planeta? ¿Qué cosas va a cambiar usted? Escriba una «Nota cultural» en la que describe su nuevo sistema.

_____

_____

Los amigos hispanos
La matrícula de Raúl

¿Cree usted que es complicado el proceso de matrícula° en su universidad? ¿Qué aspecto del proceso es difícil? En esta lectura, Raúl Saucedo nos cuenta de los problemas que tuvo al matricularse° en sus primeras clases en la Universidad de Texas. Después de leer, díganos, ¿ha tenido usted un problema similar?

registration

to register

Uno puede tener muchas dificultades cuando no conoce muy bien el sistema de matrícula de algunas universidades. Yo recuerdo mi primer año en la Universidad de Texas, en San Antonio, y ahora me da risa.° Nunca voy a olvidar aquel primer semestre...

me... it makes me laugh

El día de la matrícula me levanté muy temprano y fui a inscribirme° con mucho entusiasmo. Pero no esperaba tener que llenar tantos papeles. Pasaba de oficina en oficina sin saber adónde iba. Por fin pedí las clases que necesitaba, pero con tan mala suerte, descubrí que dos de ellas estaban «cerradas». Como estaba tan confundido, me inscribí en una clase de natación avanzada... ¡Y yo no sabía nadar!

enroll

El primer día de clases encontré la alberca° sin dificultad. Luego el instructor me dijo que tenía que pasar un examen: mantenerme a flote por diez minutos. Sentí pánico y pensé que por seguro iba a ahogarme.° Empecé a dar patadas° en el agua y en cuestión de° segundos me hundí como una piedra.° El salvavidas° corrió a ayudarme inmediatamente, pero a mí me pareció que tardaba siglos.° Cuando salí del agua, más muerto que vivo, me encontré con la cara asustada° del instructor. Me preguntó simplemente: «¿Qué hace usted en esta clase?» Y yo le contesté: «¿Qué hago? Pues... ¡me ahogo!»

piscina (Mex.)

drown / kicks
en... in a matter of / me... I sank like a rock / lifeguard
tardaba... he took forever frightened

El segundo semestre me matriculé en una clase de natación para principiantes.° Hoy puedo nadar bastante bien, pero todavía tengo cierto respeto por el agua profunda° y... los exámenes de natación.

beginners
deep

COMPRENSIÓN

I. ¿Quién dijo lo siguiente, el instructor (I) o Raúl (R)?

1. _____ Tuve problemas cuando me inscribí en la universidad.

2. _____ ¡Manténgase a flote!

3. _____ ¡Yo no sé nadar!

4. _____ ¡Naden más rápido!

5. _____ Salgan del agua.

6. _____ Yo estaba un poco confundido.

7. _____ ¿Por qué está usted en una clase avanzada?

8. _____ ¡Voy a ahogarme!

9. _____ Tiene que practicar la natación diariamente.

10. _____ Cuando recuerdo aquel incidente, me da mucha risa.

II. Ahora narre con sus propias palabras la experiencia de Raúl, basándose en los siguientes pasos: (1) la matrícula, (2) el problema con las clases y (3) el examen de natación.

_____

_____

AHORA... ¡USTED!

1. ¿Sabe usted nadar? ¿Nada muy bien? ¿Por qué (no)? ¿Aprendió cuando era pequeño/a? ¿Tuvo

   buenos instructores? _____

   _____

2. ¿Cree usted que la natación es un buen deporte (ejercicio)? ¿Por qué?

   _____

   _____

UN PASO MÁS...

Cuéntele a su compañero/a alguna experiencia que usted tuvo al tratar de matricularse en una clase o una experiencia relacionada con la universidad.

_____

_____

ANSWER KEY

Paso A

ACTIVIDADES DE COMPRENSIÓN **A. 1.** pónganse de pie **2.** caminen **3.** corran **4.** miren arriba **5.** bailen **6.** canten «La cucaracha» **7.** digan «hola» **8.** siéntense **B. 1.** Luis **2.** Esteban **3.** Mónica **4.** Linda **C. 1.** Mónica **2.** Nora **3.** Luis Ventura **D. 1.** C **2.** C **3.** F **4.** C **E.** 1, 5, 3, (no number), 2 **F. 1.** cuatro **2.** tres **3.** seis **4.** más de diez **5.** una **G.** 5, 9, 18, 26, 4, 15, 23, 20, 34 **H. 1.** C **2.** F **3.** F **4.** F **5.** F

ACTIVIDADES ESCRITAS **I. 1.** lean **2.** bailen **3.** escuchen **4.** escriban **5.** salten **6.** canten **III. A. 1.** negro **2.** blanco **3.** verdes **4.** roja **5.** verdes, rojas **6.** rojo, blanco, azul **IV. 1.** O, E, 12; **2.** U, I, E, 15; **3.** E, I, I, U, A, O, 24; **4.** E, I, A, I, O, 35; **5.** O, O, 8 **V. 1.** ¿Cómo se llama? **2.** Muy, gracias. ¿Y usted? **3.** Cómo, Me llamo, Mucho gusto **4.** Hasta luego

Paso B

ACTIVIDADES DE COMPRENSIÓN **A. 1.** usted **2.** tú **3.** usted **4.** tú **B.** 38, 11, 14, 26, 15 **C. 1.** no **2.** sí **3.** sí **4.** no **5.** sí **6.** sí **7.** sí **8.** sí **9.** sí **10.** sí **11.** no **12.** no **D. 1.** los hombros **2.** la boca **3.** las manos **4.** las piernas **5.** la cabeza **6.** los pies **7.** el brazo **8.** el estómago **9.** la nariz **10.** el cuello **E. 1.** F **2.** F **3.** F **F. 1.** d **2.** b, f **3.** a, c **G. 1.** 59; **2.** corta **3.** 69.50; **4.** largo **5.** elegante **EJERCICIOS DE ORTOGRAFÍA 1.** ¿Cómo? **2.** ¿Qué? **3.** ¿Quién? **4.** ¿Cuántos? **5.** ¿Cuál?

ACTIVIDADES ESCRITAS **I. A.** estás; tú **B.** está usted; usted **C.** estás; usted **III. A. 1.** ojos, nariz, boca **2.** pelo, orejas **3.** cabeza (nariz, boca, espalda), estómago (cuello), orejas, ojos, brazos, piernas **Diálogos y dibujos 1.** gracias **2.** ¿Cuánto cuesta? **3.** tímido **4.** ¡Claro que sí!

Paso C

ACTIVIDADES DE COMPRENSIÓN **A.** Alvaro Ventura; Lisa Méndez de Ventura; Diana; Toni; Andrés **B. 1.** chaqueta amarilla es de **2.** bolígrafo es de **3.** suéter morado es de **4.** lentes son de **C. 1.** C **2.** C **3.** C **4.** C **5.** F **D.** 20, 80, 50, 40, 90, 100, 70, 30, 10, 60 **E. 1.** 89; **2.** 57; **3.** 19; **4.** 72; **5.** 15; **6.** 60; **7.** 100; **8.** 94 **F. 1.** Alberto, 31; **2.** Nelson, 29; **3.** Víctor, 27; **4.** Nora, 25; **5.** Esteban, 19; **6.** Miguel, 29; **7.** Profesora Martínez, treinti... muchos **G. 1.** pelo rubio, tenis **2.** Gabriela Sabatini, argentina **3.** pelo negro, china **4.** Janet Evans, pelo castaño, nadadora **5.** pelo negro, brasileño **EJERCICIOS DE ORTOGRAFÍA A. 1.** niño **2.** niña **3.** señorita **4.** señor **5.** compañera **B. 1.** llama **2.** amarillo **3.** silla **4.** ella **5.** apellido **C. 1.** chico **2.** muchacha **3.** escuchen **4.** chaqueta **5.** coche

ACTIVIDADES ESCRITAS **II. A. 1.** Yo tengo... **2.** Mi papá tiene... **3.** Mi mamá tiene... **4.** Mis hermanas tienen... **5.** Mi hermano y yo tenemos... **III. B. 1.** S-E-T-E-N-T-A, 70; **2.** N-O-V-E-N-T-A, 90; **3.** O-C-H-E-N-T-A, 80; **4.** C-I-E-N, 100 **C. 1.** setenta y cinco **2.** noventa y ocho, noventa y ocho **3.** ochenta y ocho, setenta y nueve **4.** setenta y siete, noventa y cinco **5.** cien **IV. 1.** alemana, alemán **2.** egipcio, egipcio **3.** israelí, hebreo **4.** japonés, Japón **5.** ruso, ruso **6.** italiano, Italia **7.** sudafricana, inglés **8.** España **9.** inglés **10.** francés **Diálogos y dibujos 1.** ¡Cómo cambia el mundo! **2.** Perdón **3.** ¡Qué mala memoria! **4.** ¿De quién es?

Paso D

ACTIVIDADES DE COMPRENSIÓN **A. 1.** el 23 de junio de 1975 **2.** el 22 de diciembre de 1963 **3.** el 4 de agosto de 1975 **4.** el 19 de agosto **5.** el 12 de junio **B. 1.** 2-55-50-25; **2.** 3-15-70-85; **3.** 4-31-27-73; **4.** 5-55-31-42 **5.** 5-97-40-03 **C. 1.** nueve, doce, dos, ocho; domingos; 135 **2.** diez, cinco; todos los días; 550

3. Máximo; ocho, diez; lunes, domingo; 718   **D. 1.** C **2.** F **3.** F **4.** C **5.** C   **E. 1.** LA **2.** LA **3.** LA **4.** LU **5.** LU   **F. 1.** nadar, jugar al tenis **2.** el padre, jugar al fútbol **3.** todos los deportes, bailar **4.** Esteban, estudiar   **G. 1.** F, 1776; **2.** C **3.** F, 1910; **4.** F, 1789; **5.** F, 1979   **EJERCICIOS DE ORTOGRAFÍA 1.** borrador **2.** hora **3.** doctor **4.** correcto **5.** rojo **6.** bailar **7.** pizarra **8.** perro **9.** pero **10.** nariz

ACTIVIDADES ESCRITAS   I. A. 1. Esteban Brown nació el cuatro de agosto. **2.** Silvia Bustamante nació el quince de abril. **3.** Mónica Clark nació el diecinueve de agosto. **4.** Albert Moore nació el veintidós de diciembre. **5.** Luis Ventura nació el primero de diciembre.   **B. 1.** 1521; **2.** 1821; **3.** 1776; **4.** 1992; **III. 1.** Son las nueve en punto. **2.** Son las ocho y cuarto. **3.** Son las diez menos trece. **4.** Son las tres y media. **5.** Son las once y veinte. **6.** Son las doce en punto. **7.** Es la una y cinco. **8.** Son las cinco menos cuarto. **9.** Son las nueve menos dos. **10.** Son las siete menos cinco.   **Diálogos y dibujos 1.** ¿Bailamos? **2.** No entendí **3.** ¿Cómo se escribe... ? **4.** por favor **5.** ¡No lo creo!   **LECTURAS ADICIONALES Comprensión 1.** F **2.** F **3.** F **4.** F **5.** C **6.** F

Capítulo 1

ACTIVIDADES DE COMPRENSIÓN   A. 1. sí **2.** no **3.** no **4.** no **5.** sí **6.** sí **7.** no **8.** sí   **B. 1.** e **2.** a **3.** d **4.** b **5.** c   **C. 1.** C **2.** C **3.** F **4.** F   **D.** Mónica: lunes, miércoles y viernes: química a las 9:00, matemáticas a las 11:00, literatura inglesa a las 12:00 y español a las 2:00; martes y jueves: laboratorio de química de la 1:00 a las 4:00 de la tarde.   Pablo: lunes, miércoles y viernes: física a las 10:00, matemáticas a las 12:00 y español a las 2:00; martes y jueves: laboratorio de física de las 8:00 de la mañana a las 11:00, historia de 12:00 a 1:30 y francés desde las 2:15 hasta las 3:45.   **E. 1.** N **2.** N **3.** R **4.** R **5.** N **6.** N **F. 1.** abrigo **2.** traje de verano **3.** traje de baño **4.** paraguas **5.** abrigo   **EJERCICIOS DE ORTOGRAFÍA 1.** estómago **2.** teléfono **3.** cámara **4.** artística **5.** simpático **6.** matemáticas **7.** dólares **8.** América **9.** química **10.** gramática **11.** tímido **12.** sábado **13.** romántico **14.** décimo **15.** México

ACTIVIDADES ESCRITAS   I. 1. Yo voy a... **2.** Mi hijo/a va a... **3.** una amiga/un amigo va a... **4.** Mis padres van a... **5.** Mi hermana y yo vamos a... **6.** Mi novio/a o mi esposo/a va a...   **III. A. 1.** quiero jugar **2.** quieren cenar **3.** quiero leer **4.** quiere esquiar **5.** quieren hacer **6.** quiere hacer **7.** queremos comer **8.** quieren escuchar   **B. 1.** Prefiero... **2.** Prefiero... **3.** Prefiero... **4.** Prefiero... **5.** Prefiero... **6.** Prefieren... **7.** Prefiere... **8.** Prefiere...   **Diálogos y dibujos 1.** ¡Qué buena idea! ¿Estás bromeando? **2.** ¿Por qué? **3.** Nos vemos   **LECTURAS ADICIONALES   Comprensión 1.** C **2.** F **3.** C **4.** F **5.** C   **Nota cultural   Comprensión 1.** Es falso. Los hispanos llevan el apellido del padre y de la madre. **2.** Es cierto. **3.** Es cierto. **4.** Es cierto. **5.** Es falso. Los hispanos normalmente celebran el cumpleaños y el día de su santo.   **Un paso más... 1.** nombres: María Luisa; apellido del padre: García; del madre: Fernández **2.** nombres: José Ignacio; apellido del padre: Martínez; del madre: Gutiérrez **3.** nombres: Irma Angélica; apellido del padre: Hernández; del madre: Ochoa **4.** nombres: Carlos Rafael; apellido del padre: Álvarez; del madre: Carrasco

Capítulo 2

ACTIVIDADES DE COMPRENSIÓN   A. Durango: 6:50; Puebla: 8:00 A.M.; Monterrey: 9:30, 12:45; Tampico: 8:15, 11:20, 5:30; Guadalajara: a cada hora.   **B. 1.** la cafetería **2.** el laboratorio de ciencias **3.** la Facultad de Derecho **4.** la piscina (el gimnasio)   **C. 1.** D **2.** D **3.** PR **4.** M **5.** PR **6.** M y A **7.** M **D. 1.** los lunes, miércoles y viernes: 3:30-5:00 **2.** los lunes por la mañana: 8:00- 9:50; los miércoles por la tarde: 2:00-4:00 **3.** los martes y los jueves: 1:00-2:45 **4.** los lunes y los jueves: 11:30-1:40   **E. 1.** Managua, Nicaragua **2.** Madrid, España **3.** Valparaíso, Chile **4.** La Habana, Cuba   **F. 1.** está mirando **2.** debajo **3.** están leyendo **4.** su pupitre **5.** lentes, libro   **G. 1.** Carmen está en su casa. Está escribiendo. **2.** Mónica está en el garaje. Está pintando algo para el escenario. **3.** Alberto está en el jardín. Está preparando el equipo de video. **4.** Luis y Lan están afuera. Están leyendo. **5.** Todos están en casa de Carmen. Van a hacer un video. **6.** Esteban está en su casa. Va a traer una pizza.   **EJERCICIOS DE ORTOGRAFÍA I. 1.** hablan **2.** hombres **3.** hola **4.** hasta luego **5.** hora **6.** hermana **7.** Honduras **8.** hace buen tiempo **9.** historia **10.** hospital   **II. 1.** abuela **2.** cabeza **3.** nuevo **4.** febrero **5.** novio **6.** abril **7.** primavera **8.** habla **9.** llevo **10.** libro   **III. 1.** suéter **2.** lápiz **3.** fácil **4.** difícil **5.** fútbol

ACTIVIDADES ESCRITAS   I. A. Answers will vary but should include the following. **1.** Estoy...
2. Mi padre/madre está... **3.** Mis hermanos/hijos están... **4.** Mi amigo/a (esposo/a) está...   **B.** Answers will vary.   **II. A.** Answers will vary.   **B.** Answers will vary.   **C.** Answers will vary.   **III.** Answers will vary.   **IV. A.** Answers will vary.   **B.** Answers will vary.   **Diálogos y dibujos 1.** ¿Qué pasa? **2.** Un placer. Encantada. **3.** De nada. **4.** No hay de qué. **5.** Lo siento. **6.** De acuerdo.   **LECTURAS ADICIONALES   Nota cultural: Música para todos los gustos   Comprensión 1.** b **2.** a **3.** c. **4.** d **5.** g **6.** f **7.** e **8.** h

Capítulo 3

ACTIVIDADES DE COMPRENSIÓN   A. Guillermo dice: Yo estoy en casa. Mamá está en el mercado. Papá está en el parque. Amanda dice: Mamá no va al mercado los viernes. Papá nunca va al parque. Yo voy al centro sin permiso. **B. 1. 1.** 16 **2.** septiembre **3.** Día **4.** Independencia **5.** fiesta **6.** mexicana **7.** teatro **8.** bailes **9.** fuegos **10.** música **11.** mexicana **12.** antojitos   **B. 2. 1.** F **2.** F **3.** F **4.** C. **Nombre:** Inés Valle de Torres **Nacionalidad:** colombiana **Profesión:** maestra **Estado civil:** casada **Hijos/as:** tres hijas **Horario de la mañana:** de las 9 hasta las 12   **El orden de las actividades de Inés:** 7, 1, 5, 3, 6, 2, 4 **D. 1.** Anselmo **2.** Eduardo **3.** Eduardo **4.** la esposa de Eduardo **5.** Anselmo **6.** Anselmo **E. 1.** P **2.** A **3.** A **4.** P **5.** P **6.** CC or P **7.** A **8.** P **9.** A   **F. 1.** F **2.** C **3.** C **4.** F **5.** C   **G. 1.** C **2.** F **3.** C **4.** C **EJERCICIOS DE ORTOGRAFÍA I. 1.** los ojos **2.** geografía **3.** joven **4.** rojo **5.** jugar **6.** recoger **7.** vieja **8.** generalmente **9.** anaranjado **10.** bajo **11.** gente **12.** el traje **13.** generosa **14.** las hijas **15.** jueves **II. 1.** yo **2.** silla **3.** voy **4.** llorar **5.** hay **6.** llegar **7.** muy **8.** playa **9.** amarillo **10.** llamar **11.** apellido **12.** mayo **13.** llueve **14.** hoy **15.** estoy **16.** calle **17.** millón **18.** leyendo **19.** soy **20.** caballo

ACTIVIDADES ESCRITAS   I. A. Answers may vary but could include the following. **1.** Voy a la cafetería (a casa). **2.** Voy a la piscina (a la playa). **3.** Voy a la biblioteca (a mi cuarto). **4.** Voy a la librería. **5.** Voy a la librería.   **B.** Answers may vary but could include the following. **1.** Miramos obras de arte. **2.** Compramos zapatos y tenis. **3.** Compramos ropa y regalos. **4.** Nadamos. **5.** Rezamos.   **II. A.** Answers will vary.   **B.** Answers will vary.   **III. A. 1.** me despierto **2.** me levanto **3.** me baño **4.** se despierta (se levanta) **5.** prepara **6.** desayunamos **7.** sale **8.** salgo **9.** vuelvo **10.** Duermo **11.** hablo   **B.** Answers will vary.   **C.** Answers may vary but could include the following. **1.** Primero se viste. Luego toma sus libros. Después sale de casa y finalmente llega a su clase. **2.** Primero va al baño a ducharse (bañarse) y afeitarse pero el baño está ocupado. Luego, su mamá (hermana) sale del baño. Después otra persona está en el baño. Finalmente, Luis entra en el baño. **3.** Primero toma té y lee el periódico. Luego se cepilla los dientes. Después se maquilla y finalmente se echa perfume.   **IV. Los estados físicos y anímicos A.** Answers may vary but could inlcude the following. **1.** Estoy cansada. **2.** estoy enojado/a **3.** tengo miedo **4.** estoy enamorada **5.** Tengo prisa   **B.** Answers will vary but may include the following. **1.** Hago preguntas. **2.** Voy al cine (Llamo a mis amigos/as.) **3.** Duermo. **4.** Grito. (Corro. Hago ejercicio.) **5.** Lloro. **6.** Salgo con mis amigos. **7.** Tomo un refresco. **8.** Duermo. **9.** Me pongo un suéter. **10.** Como.
LECTURAS ADICIONALES   Nota cultural: Los días feriados 1. N **2.** SS **3.** SS **4.** RM **5.** N, RM **6.** N **7.** N **8.** SS   **Los amigos hispanos: La vida de Bernardo   Comprensión I.** 7:30 de la mañana: Bernardo se levanta. 7: 45 de la mañana: Inés y sus hijas se levantan. 8:05 de la mañana: La familia desayuna. 8:15 de la mañana: Bernardo lee el periódico. Las hijas conversan su papá sobre la escuela. 9:00 de la mañana: Bernardo entra al trabajo. 1:00 de la tarde: Bernardo almuerza con sus compañeros. 6:00 de la tarde: Bernardo sale de su trabajo. 8:00 de la tarde: Los esposos juegan con sus hijas o reciben alguna visita.   **II. 1.** Inés **2.** la familia Torres **3.** la familia Torres **4.** las hijas **5.** Bernardo **6.** la familia Torres

Capítulo 4

A. 1. C **2.** S **3.** C **4.** S **5.** S **6.** C   **B. 1.** c **2.** b **3.** d **4.** a   **C. 1.** D **2.** C **3.** E **4.** N **5.** D **6.** D **7.** C **8.** C **9.** N **Daniel sabe... 1.** cocinar **2.** hablar francés **3.** patinar **4.** esquiar **5.** bailar **6.** pilotear aviones **D. 1.** I **2.** B **3.** B **4.** B   **E. 1.** d **2.** c **3.** a **4.** c   **F. 1.** F **2.** C **3.** C **4.** F   **G. 1.** b, c **2.** a, b **3.** a, b, c **4.** b **5.** b   **H. 1.** C **2.** C **3.** F **4.** C **5.** C **6.** C   **EJERCICIOS DE ORTOGRAFÍA I. 1.** cara **2.** ¿Cuánto cuesta? **3.** poco **4.** parque **5.** ¿Qué es? **6.** ¿Quién está aquí? **7.** corto **8.** chaqueta **9.** cosa **10.** aquí   **II. A. 1.** café **2.** está **3.** entendí **4.** esquí **5.** papá   **B. 1.** cafés **2.** también **3.** francés **4.** alemán **5.** dirección **6.** profesión

7. japonés **8.** televisión **9.** perdón **10.** jabón **C. 1.** estación estaciones **2.** japonés japonesa **3.** definición definiciones **4.** opinión opiniones **5.** inglés ingleses

ACTIVIDADES ESCRITAS I. A. 1. enseña, aprenden **2.** comprendo explica. **3.** hablan, entiendo **4.** terminar, empezar **5.** escucho, entiendo, dice **6.** hago **7.** entienden (comprenden), preguntan **8.** enseña **9.** recoge **10.** escribe, escribimos **B. 1.** me **2.** te **3.** le **4.** le **5.** nos **6.** las **7.** Les **8.** nos **9.** les **10.** me **11.** Te **12.** te **13.** le **14.** le **15.** lo **16.** le **17.** me **C.** Answers will vary. **II. A.** Answers will vary. **B.** Answers will vary. **C.** Answers will vary. **III. A. 1.** médico (doctor) **2.** maestras **3.** mecánico **4.** peluquero. **5.** arquitectos **6.** cajera **7.** auxiliar de vuelo **8.** cantantes **9.** mesero **B.** Answers will vary. **IV. A.** Answers will vary. **B.** Answers will vary. **V.** Answers will vary. **VI. A.** Answers will vary but may include the following. **1.** Primero Daniel va en coche al aeropuerto. Entonces llega al aeropuerto. Después habla con una auxiliar de vuelo. Luego pilotea el avión pero le gustaría dormirse. **2.** Primero habla con su asistenta. Entonces escucha al abogado. Después escucha a la abogada. Finalmente declara inocente a la persona acusada pero le gustaría ir a casa a ducharse. **3.** Primero Esteban quita los platos de la mesa. Entonces limpia la mesa. Después atiende a una cliente. Finalmente le trae un café pero le gustaría invitarla al cine. **4.** Primero llega al hospital a las diez menos diez. Entonces habla con la enfermera. Después atiende a un paciente. Finalmente opera a un paciente pero le gustaría leer un libro y descansar (dormir una siesta). **5.** Primero llega a la Corte Suprema. Entonces defiende a un acusado. Después escucha al juez. Finalmente el acusado le paga pero le gustaría jugar con sus hijas. **B. 1.** ducharse, se seca **2.** afeitarse, se cepilla los dientes **3.** desayunar, lee **4.** ponerse **5.** llegar, tomar **LECTURAS ADICIONALES Los amigos hispanos: Las actividades de Carlos Padilla Comprensión 1.** f **2.** e **3.** d **4.** a **5.** c **6.** b **Ahora... ¡usted!** Carlos piensa en sus padres. No piensa en sus estudios. Answers will vary. **Los amigos hispanos: Silvia Bustamante Comprensión 1.** d **2.** a **3.** c **4.** b **5.** e

Capítulo 5

A. 1. c **2.** b **3.** a **4.** d **5.** c **B. 1. 1.** moderno **2.** 85 dólares **3.** 4-75-82-34 **2. 4.** Miami **5.** 550 dólares **6.** Octava, 323 **7.** diez, nueve **C. 1.** alquiler **2.** condominios **3.** dormitorios **4.** sala **5.** cocina **6.** 700 **D. 1.** R **2.** R **3.** R **4.** A **5.** A **E. 1.** C **2.** C **3.** C **4.** C **5.** C **6.** F **F. 1.** habla español **2.** en casa **3.** Nueva York, Argentina **4.** (sentarse a) comer (algo con él) **5.** la universidad **G. 1.** b **2.** c **3.** a **4.** d **5.** d **6.** b **7.** b **8.** c **EJERCICIOS DE ORTOGRAFÍA I. 1.** portugués **2.** hamburguesa **3.** guitarra **4.** Guillermo **II. 1.** economía **2.** cafetería **3.** zapatería **4.** geografía **5.** librería **6.** día **7.** sociología **8.** biología

ACTIVIDADES ESCRITAS I. A. 1. El sofá es más grande que el sillón. (El sillón es más pequeño que el sofá). El sillón es más grande que la mesita. (La mesita es más pequeña que el sillón). El sillón es el más grande de los tres. (La mesita es la más pequeña de los tres.) **2.** El abuelo es mayor que el hombre. (El hombre es menor que el abuelo.) El hombre es mayor que el joven. (El joven es menor que el hombre.) El abuelo es el mayor de los tres. (El joven es el menor de los tres.) **3.** La casa es más cara que el carro. (El carro es más barato que la casa.) El carro es más caro que la bicicleta. (La bicicleta es más barata que el carro.) La casa es la más cara de los tres. (La bicicleta es la más barata de los tres.) **4.** Amanda tiene tanto dinero como Graciela. Ernestito no tiene tanto dinero como Amanda y Graciela. **5.** La casa de los Ramírez tiene tantas ventanas como la casa de los Rivero. La casa de los Ramírez y la casa de los Rivero no tienen tantas ventanas como la casa de los Ruiz. **6.** El edificio Torres es tan moderno como el edificio Echeverría. El edificio Gonzaga no es tan moderno como los edificios Torres y Echeverría. **B.** Answers will vary. **II. A.** Answers will vary but may include the following. **1.** nadamos **2.** comemos, tomamos café, conversamos **3.** miramos la vista (la calle, la gente) **4.** compramos medicinas **5.** lavamos la ropa **6.** compramos gasolina **7.** compramos muchas cosas **8.** paseamos, corremos, jugamos, descansamos **B.** Answers will vary. **C.** Answers will vary. **III. A.** Answers will vary. **B.** Answers will vary. **C.** Answers will vary. **IV. A.** Answers will vary but should include the following verb forms. **1.** me levanté **2.** asistí / me quedé **3.** estudié **4.** visité **5.** limpié **6.** recibí **7.** cené **8.** comí **B.** Answers will vary. **V. A.** me gustaría presentarte / Mucho gusto (en conocerte) / Encantada. **B.** Answers will vary. **LECTURAS ADICIONALES Nota cultural: Las posadas Comprensión** 2, 3, 7, 4, 1, 6, 5 **Los grandes problemas de Ernestito Comprensión 1.** imaginario **2.** en el piso **3.** de igual a igual **4.** se enoja **5.** liberación **6.** grandes

Capítulo 6

ACTIVIDADES DE COMPRENSIÓN   A. 1. fue, bailó **2.** llamó **3.** salió, llegó **4.** pasó **5.** dijo **6.** dijo **B. 1.** a, c **2.** a, b **3.** a, b **4.** b   **C. 1.** A **2.** A **3.** S **4.** S **5.** S **6.** A **7.** M **8.** A   **D. 1.** F **2.** F **3.** F **4.** F   **E. 1.** c **2.** b **3.** c **4.** c **5.** a   **F.** 4, 3, 1, 2, 5   **G. 1.** bomba **2.** restaurante **3.** edificios **4.** restaurante **5.** personas **6.** responsables **7.** descansar **8.** llegó **9.** asistieron **10.** Cine **11.** español **12.** director **13.** película **14.** Nuevo **15.** hora   **H. Parte I** 5, 3, 1, 2, 4   **Parte II** 3, 2, 5, 1, 4   **EJERCICIOS DE ORTOGRAFÍA I. A. 1.** saco **2.** sombrero **3.** silla **4.** casa **5.** seis   **B. 1.** brazo **2.** nariz **3.** izquierda **4.** rizado **5.** azul **C. 1.** cierre **2.** lacio **3.** gracias **4.** bicicleta **5.** cereal   **II. A. 1.** comí **2.** estudié **3.** salí **4.** trabajé **5.** entendió **6.** llegó **7.** lavó **8.** corrí **9.** jugó **10.** terminó   **II. B. 1.** hice **2.** puse **3.** pude **4.** quise **5.** dijo **6.** trajo **7.** vino   **III. A. 1.** Juan no quiso buscar el reloj ni los lentes que perdió. **2.** Yo busqué el reloj pero encontré solamente los lentes. **3.** Roberto no jugó al tenis porque llegó muy tarde. **4.** Yo llegué temprano y jugué con su compañero. **5.** No pude leer el periódico ayer; mi padre sí lo leyó. **6.** Hoy busqué el periódico pero no llegó. **7.** Dije que no, pero mi hermano no me creyó. **8.** Esta tarde empecé a hacer la tarea a las dos; Luis empezó a las cuatro. **9.** Cuando llegamos a Acapulco, busqué mi traje de baño. **10.** Yo no pagué el viaje; pagó mi esposo.   **B. 1.** me bañé **2.** hablé **3.** dije **4.** manejaste **5.** llegué **6.** tuviste **7.** levantó **8.** salió **9.** vino **10.** desayunamos **11.** hicimos **12.** quiso **13.** compraron **14.** se lavó **15.** incluyó

ACTIVIDADES ESCRITAS   I. A. Answers may vary but should contain the following **1.** No, Y estudié... **2.** No. Ya vi... **3.** No. Y a visité... **4.** No. Ya hice... **5.** No. Ya fui...   **B.** Answers will vary. **C.** Answers will vary.   **II. A.** Answers will vary.   **B.** Answers will vary.   **C.** Answers will vary. **D.** Answers will vary.   **E.** Answers will vary.   **III. A.** Answers will vary but should contain the following. **1.** Hace... que me gradué. **2.** Hace... que conocí... **3.** Hace... que limpié mi... **4.** Hace... que fui. **5.** Hace... que me divertí con...   **B.** Answers will vary.   **C.** Answers will vary.   **LECTURAS ADICIONALES   Los amigos hispanos: Una fiesta sorpresa (Parte 1)   Comprensión** 2, 1, 4, 6, 5, 7, 8, 3 **Parte 2   Comprensión 1.** b, c **2.** c **3.** b, d **4.** c **5.** b, c, d

Capítulo 7

ACTIVIDADES DE COMPRENSIÓN   A. 1. La abuela está contenta porque llegó su nieto. **2.** A Raúl le gusta mucho la comida que prepara su abuela. **3.** La abuela dice que después de estudiar tanto Raúl debe descansar, comer y dormir bien. **4.** La abuela dice que preparar los platos favoritos de Raúl no es trabajo. **5.** La abuela va a preparar frijolitos para Raúl.   **B. (1) 1. a.** azul **b.** montañas **c.** agua **2. a.** natural **b.** rico **c.** jamón, queso **(2) 1. a.** fácil **b.** leche **c.** tiempo, dinero **2.** postre   **C. 1.** Quieren preparar quesadillas porque tienen hambre. **2.** Dice que no debe jugar en la cocina porque es peligroso. **3.** Ernestito va a leer la receta porque es el mayor. **4.** Primero necesita rallar el queso. **5.** No van a ponerle chile a la quesadilla porque Andrea es muy chiquita. **6.** No comieron la quesadilla porque llegó mamá. **D. (1) 1.** carne molida, N$4 el kilo **2.** chuletas de puerco, N$6 el kilo **3.** camarones, N$12 el kilo **4.** naranjas, N$6 tres kilos **5.** uvas, N$6 dos kilos **6.** fresas, N$1.50 la canasta **7.** azúcar, N$2.40 cuatro kilos **8.** queso, N$5 el kilo **9.** ajo, 40 centavos la cabeza **(2)** (information to be changed): **1.** la Avenida Costera, esquina con Bolívar **2.** una vista magnífica de la bahía **3.** los viernes, sábados y domingos presentamos a Manuel Rodríguez y su conjunto **4.** Abrimos a las 6 de la tarde y cerramos a las 2 de la mañana **5.** Llámenos al 3-17-21-14   **E. 1.** a **2.** a **3.** c **4.** b **5.** d   **F. 1.** L **2.** D **3.** L **4.** E **5.** E **6.** L **7.** L **G. 1.** N **2.** ER **3.** ES **4.** ER **5.** N   **H. 1.** Ernesto piensa trabajar hoy. Finalmente deciden ir al parque a merendar. **2.** Estela piensa que Ernesto se olvidó de su cumpleaños porque no dice nada del cumpleaños. **3.** En el parque la familia juega y merienda. **4.** Estela espera un pastel de cumpleaños con muchas velitas. **5.** Todos sus amigos estaban en casa para celebrar el cumpleaños de Estela.   **EJERCICIOS DE ORTOGRAFÍA 1.** ¿Dónde está el restaurante? **2.** La dirección es, Calle Décima, número veintidós. **3.** Buenas tardes, ¿tienen una reservación? **4.** No, no hicimos reservaciones. **5.** Aquí tienen el menú. ¿Qué quieren tomar? **6.** Ella quiere té frío y yo prefiero café con azúcar. **7.** ¿Qué van a pedir? **8.** Yo quiero el sándwich de jamón. **9.** El jamón tiene muchas calorías. Yo voy a pedir la sopa de espárragos y una porción de melón o plátano. **10.** Yo también quiero la sopa de espárragos. **11.** ¿Cómo vamos a pagar? **12.** ¡Con mi tarjeta de crédito, claro! **13.** ¿Te gustó la comida? **14.** Sí, y comí mucho.

ACTIVIDADES ESCRITAS I. B. 1. ¿Quieres comer avena? 2. ¿Quieren Uds. preparar paella? 3. ¿Compran hongos de vez en cuando? 4. ¿Dónde están las aceitunas? C. 1. lo 2. lo 3. las 4. los 5. los 6. los 7. la 8. lo 9. lo 10. lo 11. los 12. los III. C. 1. pedir 4. sirven 8. pido 9. pedir 12. pides 16. sirven 19. pides **LECTURAS ADICIONALES** Comprensión 1. Los tacos se hacen con tortillas de maíz, carne molida, lechuga, tomate y queso. 2. Los huevos rancheros se hacen con huevos, salsa picante, tortillas y frijoles. 3. El guacamole se hace con aguacate, cebolla, jitomate y chile. 4. El tamal yucateco se hace con carne y hojas de mazorca o de plátano. 5. Las enchiladas se hacen con tortillas, carne de res o queso o pollo. 6. El mole poblano se hace con chocolate. 7. Las tostadas se hacen con tortillas, carne y otros ingredientes. **Nota cultural** Comprensión I. 1. b 2. f 3. d 4. a 5. g 6. c 7. e II. 1. L 2. E 3. MP 4. C 5. MP 6. E 7. L 8. L

Capítulo 8

ACTIVIDADES DE COMPRENSIÓN A. 1. Jorge 2. Gabriela 3. Roberto 4. Alicia 5. Eduardo 6. Pablo B. 1. Felipe, 15; 2. Tomás, 3; 3. Carmen, 10; 4. Luci, 9; 5. Linda, 6; 6. Felipe quiere ser futbolista. 7. Luci y Carmen quieren ser actrices. C. 1. F 2. C 3. C 4. C 5. C 6. C D. 1. tenía 2. jugaba 3. conocía 4. era 5. metíamos, pescábamos 6. iba, pagaba, patinaba 7. manejaba E. 1. M 2. E 3. E 4. M 5. M 6. E 7. E F. 1. gustaban 2. era 3. leía 4. sentía 5. hacían 6. Pinocho 7. Robin Hood 8. la Cenicienta 9. Blancanieves 10. Alicia G. 1. c, d 2. a, b 3. b 4. a, c 5. c H. 1. la América Latina 2. cantó, las discotecas 3. nervioso, papas fritas 4. usar la escena **EJERCICIOS DE ORTOGRAFÍA** I. 1. boca 2. sobrino 3. joven 4. viejo 5. bonito 6. rubio 7. vivo 8. ventana 9. vez 10. por favor 11. jugar 12. dormido 13. siglo 14. mango 15. limonada II. 1. yo comía 2. Juan dormía 3. Marta peleaba 4. nosotros tomábamos 5. ellas corrían 6. yo montaba 7. tú tenías 8. usted quería 9. nosotras contábamos 10. ellos subían

ACTIVIDADES ESCRITAS II. A. 1. jugaba 2. corría 3. nadaba 4. comía 5. iba 6. estudiaba 7. andaba 8. me subía 9. saltaba 10. jugaba III. D. 1. supe, sabías 2. conocí, conocía 3. pude, podías 4. quiso, quería 5. tenías, tuve IV. A. 1. se me perdió 2. se le escaparon 3. se rompió 4. se le olvidaron 5. se le rompió, no se despertó **LECTURAS ADICIONALES** Nota Cultural Comprensión 1. H 2. N 3. H 4. H 5. H **Los amigos hispanos... La matrícula de Raúl** Comprensión I. 1. R 2. I 3. R 4. I 5. I 6. R 7. I 8. R 9. I 10. R